● 幼儿园"活教育"课程丛书　　总主编◎周念丽

"活教育"中的致善教育

主　编◎欧赛萍
副主编◎章黎虹

编　委

张　虹　王艳君　徐　艳　黄晓燕
张海琼　王甜甜　徐晶欢　余抒瑾
罗亦瑜　张　悦　张　涵　黄丹茹
张爱儿　顾海静

復旦大學 出版社

总主编的话

让陈鹤琴先生倡导的"活教育"活起来！这是一直萦绕在我心中的梦想！让这一梦想成为现实的路径之一，便是将这套"幼儿园'活教育'课程丛书"付梓面世！

编撰这套丛书，是因为时代让我们吹响了践行"活教育"的集结号。

时代要求我们树立文化自信，因为这是一个国家的软实力，是一个国家的民族精神之体现。然环顾当今我国的学前教育，对西方教育理论没有经过细嚼慢咽就奉为圭臬；对外来的学前教育课程，不进行深入钻研学习就生吞活剥的情况并非少数。见此状况，心甚忧之。如何撷取西方的教育理念和课程之精髓为我所有，继而形成中国学前教育的文化特色，这乃时代给予我们的命题。为完成这一命题，我们当追寻具有中国文化特色的学前教育经典理论作为课程基石。

一、"活教育课程"的理论基础和体系

将"活教育"理论作为这套丛书的理论基础，是因为陈鹤琴先生给该理论赋予了学前教育之灵魂。

陈鹤琴先生是一个关注中国教育应该怎样适合中国现代社会、适合中国文化的学者（陈鹤琴长子陈一鸣语）。回溯历史，陈鹤琴先生虽然是从杜威的自然主义中汲取灵感，尽管沿袭了从夸美纽斯、卢梭、福禄贝尔一直到杜威的"儿童中心"论，但陈鹤琴先生所倡导的"活教育"，实乃取其精华、洋为中用之典范。

陈鹤琴先生以开放接纳的态度接受西方教育思想，强调进行中国化的实验与再创造，探索适合中国国情的幼儿教育理论与方法，与陶行知先生等人一起构建了"活教育"完整的理论体系，引导着近百年中国学前教育的发展。

"活教育"理论体系中包含了教育目的论、课程论和方法论。"活教育"的目的是"做人、做中国人、做现代中国人";"活教育"的课程论是"大自然、大社会都是活教材";"活教育"的方法论是"做中教,做中学,做中求进步"。其中"教人做人"是"活教育"的核心内涵。

陈鹤琴先生从中国的实际出发,将学前教育的根本目的定义为"做人、做中国人、做现代中国人"!在此,"做人"是立足于中国传统文化之根基,要把儿童培养成一个具平等仁爱之心的大写之人;"做中国人",乃赋予中华民族之精神,成为一个顶天立地的龙之传人;"做现代中国人"更是明确了作为一个现代中国人,当"具有健康之体魄、具创新之精神、有合作之态度、能为他人服务、有世界眼光"之基本条件。陈鹤琴先生的"活教育"理论历久弥新,为我们明确了实施中国学前教育根本目的之所在!

二、"活教育课程"的构建

本套丛书冠以"幼儿园'活教育'课程"之名乃是指本丛书目前涵盖的书均是基于陈鹤琴先生的"活教育"理论,进行实践探索的方案活动。

"课程"(curriculum)一词源于拉丁语"跑步"之意,"currere"含"计划"的意思。据此,狭义的"课程"通常指根据一定的教育内容和学习支持的计划、时间安排,有一定的教育目的、教育内容关联的教学活动;广义的"课程"则指学习者的体验和教师的支持。本丛书是在广义的语境基础之上将幼儿园课程定义为"凡与幼儿有关联的一切人、事物,园内的一日活动、家庭中的亲子活动均为课程"。唯有此,才能与陈鹤琴先生的"大自然、大社会都是活教材"的课程论的范围相匹配。

"活教育"强调学前教育就是要扎根中国社会,关注生活,浸润优秀文化。本丛书据此将对传统文化的哲学思考"致善之路"和对传统文化进行传播的最早文字载体"甲骨文"都作为幼儿园课程的重要内容。

构建课程时,我们根据陈鹤琴先生在其"活教育"体系中阐述的办好幼稚园的"15条主张",特别注重以国情和地方特色为出发点,培养幼儿爱祖国爱家乡之情。我们将幼儿教育看成是幼儿园和家庭的共同责任,本系列丛书的每本书体例设计均为 2/3 的内容在幼儿园(或托育中心)内实施,1/3 的内容由家长在家庭中通过亲子互动来实施。我们注重培养幼儿独立自主、有良好的生活和社会交往的好习惯;注重以游戏方式来进行各项活动,在实施活动过程中遵循了陈鹤琴先生曾倡导的"五指活动"理论,以教育部 2012 年颁发的《3—6 岁儿童学习与发展指南》为依据,将五大领域有机地渗透到课程之中。

三、"活教育课程"的框架与内容

根据陈鹤琴先生的"活教育"理论中以"大自然、大社会为活教材"的课程论思想，本系列丛书可分为"以大自然为主，兼顾社会领域"和"以大社会为主，兼顾自然领域"两大部分。

"以大自然为主，兼顾社会领域"包含了《"活教育"中的食育》《"活教育"中的托育》以及《"活教育"中的"三生"教育》三本书。

《"活教育"中的食育》一书作为践行陈鹤琴先生"活教育"思想的书，将以大自然为特色的食育与生命教育和感恩教育有机地结合，并通过幼儿园的一日活动和健康、社会、语言、科学及艺术领域的渗透，促进幼儿的生命健康。具体活动从认知、情感和行动三个层面，一日的四个活动和五大领域来进行。全书分为三章，分别为"渗透五大领域的食育""24节气中的食育"和"舌尖上的中国之食育"。

《"活教育"中的托育》将陈鹤琴先生的"活教育"作为本书的理论基础，为在托幼机构接受全日制的19—24个月以及25—36个月儿童量身定做适应大自然、大社会的两大系列活动。在大自然系列中，关注儿童的亲近自然能力。在大社会系列中则更多地关注19—36个月儿童独立自主能力的培养。

《"活教育"中的"三生"教育》根据陈鹤琴先生的"活教育"理论思想，将大自然和大社会作为活教材，在真实和自然的环境里，培养幼儿热爱生命、学会生存、优质生活的能力，将幼儿的生命教育、生存教育和生活教育完全融为一体，为他们的人生发展奠定坚实基础。

"以大社会为主，兼顾自然领域"目前则包含了两大系列的四本书。

第一系列：了解中华核心价值和文化载体。

"善"乃中华民族所推崇的核心价值。"仁者爱人""幼吾幼以及人之幼"以及"上善若水"等无不成为中华民族为人处世之道。《"活教育"中的致善教育》一书从"善"之文化价值出发，致力于为幼儿一生播下幸福的种子，让孩子在积极情绪体验中感知、发现自己，悦纳自己，形成积极的他人关系，尊重他人，敬畏自然，启迪智慧，让爱滋润孩子幼小的心灵，为孩子的幸福人生奠基。

甲骨文是起源于3000多年前的中国文字，源远流长，每一个汉字都是一幅画，每一个文字都是一个故事，每一个文字都是中国文化的渗透。《好玩的甲骨文》以让幼儿亲近、初识甲骨文入手，通过各种生动有趣的活动，激发幼儿对文字的兴趣，通过游戏活动，初步了解文字背后的文化内涵。

第二系列：熟悉所处地区和民族的人文价值。

《"活教育"中的山西文化之旅》以"大自然、大社会"为活教材,在客观分析山西地理位置和社会文化资源的基础上,选择山西文化中有传承价值的元素,结合不同年龄班幼儿学习与发展特点,进行了社会文化活动的实践研究。

《"活教育"中的民族文化教育》以歌唱、韵律、绘画、手工以及球类五大游戏为抓手,通过投射、跑跳钻爬等竞技类游戏,以浸润式食俗等民俗节日为契机,呈现了白族、彝族、傣族的特点,让幼儿通过游戏更好地了解这三个民族的文化之内涵。

本套丛书的一个特点是活动目标设置不严格区分幼儿的年龄。理由之一是考虑到如果只以小、中、大班来区分的话,实际上一个班的大小月龄幼儿年龄相差可达11个月之久,过于严格区分年龄,反而会给不同月龄的儿童造成难度。理由之二乃是许多活动具有内在关联性和延续性,无法截然将年龄分开。

我们期待:本套丛书能成为将陈鹤琴先生的"活教育"立足国情放眼世界之情怀与实践现代学前教育连接起来之桥梁。我们更期待:本系列丛书能在为学前教育同仁们着力培养具有健康身心、充满好奇、勇于探索、富有服务精神、充满创造力等综合品质的"现代中国娃"之过程中起到抛砖引玉之效。

最后,特别感恩陈鹤琴先生的后人柯小卫老师和陈庆老师的真情支持,使我们对陈鹤琴先生的"活教育"理论有了深入的学习和领会。

非常感激复旦大学出版社副总编辑、学前教育分社社长张永彬教授的鼎力支持以及编辑赵连光老师的细致工作,使本套丛书得以付梓面世。

衷心感谢本套丛书的每个主编和参与编写的同仁好友的全情投入,使"活教育"理论得以在中国学前教育领域付诸实践时有系统课程可资参考。

我们期待:全国学前教育界同仁,特别是广大的一线工作者能给予我们鞭笞与指教!因为我们深深知道,这套丛书是摸爬滚打探索阶段之产物,疏漏不足之处请多指正!

周念丽 2019年3月8日于诺亚小居

植根于中华文化沃土

——"幼儿园'活教育'课程丛书"序

"热爱了解和研究儿童、教育他们使之胜过前人"是陈鹤琴先生的名言,这句话指明了我们幼儿教育工作者走近儿童、研究儿童的根本目的。"**幼儿园'活教育'课程丛书**"就是在了解儿童和研究儿童的基础上形成的一套用于幼儿园实践的成果,其根本目的就是把幼儿培养成现代中国娃!

陈鹤琴先生(1892—1982)写过一段意味深长的文字:"幼稚儿童就是国家的幼苗,应当特别爱护,给他们适宜的教育,这也就是延续国家的命脉,培育民族新生命的唯一办法"。"我所要讲的'爱国家',是要爱我们国家五千年的光荣历史,爱我们国家的前途,爱我们国家的人民,从而担负起我们的历史任务,使我们的国家进步繁荣,日新月异,这种'爱国家'是与爱国家的人民结合在一起的,是与真理紧握手的。"[①]

如何将"国家""民族"意识输送到尚处于"萌芽"状态幼儿的心灵,同时又须尊重幼儿成长规律,避免人为"催熟""失真"或"少年老成""小成人",对于教育家,尤其是幼儿教育家来说,不仅需要正确的科学观念(**包括儿童观、教育观**),还要具备艺术家般的智慧、方法、能力,可谓"润物细无声"与"潜移默化"。在陈鹤琴看来,由于幼儿所处不可能真空,而是由"人"与"物"组成的"社会",因此"儿童期"(**亦称"幼稚期"**)有两方面意义,一是适应环境,发展能力;二是接收、传递、促进文化,其形式只能通过幼儿的活动以及"生活形态"得以实现。

美国进步主义教育家约翰·杜威写道:

我相信——

一切教育都是通过个人参与人类的社会意识而进行的。这

---

① 引自《活教育的目的论》,载《陈鹤琴全集》第五卷,江苏教育出版社,2008年8月,第63页。

个过程几乎是在出生时就在无意识中开始了。它不断地发展个人的能力,熏染他的意识,形成他的习惯,锻炼他的思想,并激发他的感情和情绪。由于这种不知不觉的教育,个人便渐渐分享人类曾经积累下来的智慧和道德财富,他就成为一个固有文化资本的继承者。世界上最具形式的、最专门的教育确实是不能离开这个普遍的过程。教育只能按照某种特定的方向,把这个过程组织起来或者区分出来。①

日本教育家仓桥惣三(1882—1955)写道:

毫无疑义,没有教育目标的话,任何一种教育都是不可能存在的。然而,如果仅仅只考虑教育目标,也是不能进行教育的。如果使教育目标的特质相适应——唯有在此点上下功夫并以此为起点,才会产生出教育的实践。在这一过程中,是目标至上,将之强加于教育对象,还是以教育对象为本,让目标去适应教育对象?也就是说,是按目标的要求把对象套起来呢,还是向教育对象逐步地展现教育目标,这两种不同的态度产生了截然不同的教育。②

中国教育家陈鹤琴(1892—1982)将"做人,做中国人,做现代中国人"与"社会性认知"作为"活教育"学说的重要内容。具体为以下两段论述:

不错,中国的教育应当和外国的教育有所畛域,它自有它的特性。这"做人,做中国人,做现代中国人"就是中国教育的唯一特点,不苟同于其他各国的教育目的。③

大社会也是儿童的世界,家庭怎样组织的,乡镇怎样自治的,社会上的风俗习惯怎样形成的,国家怎样富强的,世界怎样进化的,这一切的社会实际问题,都是儿童的活教材。④

多年以前,我曾经向教育专家请教过一个问题:"中国化"与"科学化"之间到底是怎样的关系?当时提出这一问题的用意,其实是针对社会上许多人倡导"儿童读经"与"私塾""女学"等与"解放儿童"原则相悖的教育现象,有一位知名教育专家的回答使我感到豁然开朗,先有"科学化"再是"中国化"。我的理解是"科学化"是"中国化"的目标,"中国化"是"科学化"的基础与路径,二者相互依存,密切联系。然而在中国"新教育"进程中,"科学化"与"中国化"各自的内涵与作用,简括起来,"科学化"主要是指儿童在教育中的"主体地位"与"成长规律",即"心理学";而"中国化"更多是指教育目标与教育资源。与这一问题密切相关的另一个问题,即由成人预设的"教育目标"与"以儿童为中心"或"儿童自主"二者之间又是怎样的关系呢?如何才能做到陈鹤琴先生所

---

① 引自《我的教育信条》,载《杜威教育名篇》,赵祥麟、王承绪编译,教育科学出版社,2006年7月,第1页。
② 引自《幼儿园真谛》,李季湄译,华东师范大学出版社,2014年5月,第2页。
③ 引自《活教育要怎样实施的》,载《陈鹤琴全集》第四卷,江苏教育出版社,2008年8月,第274页。
④ 引自《活教育的教学原则》,载《陈鹤琴全集》第五卷,江苏教育出版社,2008年8月,第70页。

提出的"以儿童为中心的教育"境界,即"注重儿童而兼顾社会"①,进而将"儿童需要"与"社会需要"二者予以协调、平衡,从而达到"儿童发展"与"社会进步"同步的目标?

近年来,我们欣然地看到在中国学前教育领域,涌现出一批钟情于陈鹤琴"活教育"学说的研究与实践的学前教育工作者。本丛书的作者们就是这批工作者中的一员,她们愿意将教育理论与教学实际紧密联系,开发各类"生活化"课程与特色教学活动,将"活教育"精神与教学原则贯穿于丰富多彩的教学活动之中,植根于中华文化沃土,逐渐形成具有鲜明"中国化""本土化"特征的幼儿园教学风格。这套丛书充分体现了对于陈鹤琴"活教育"学说的认同、理解,连同对于幼儿园课程、活动特点与"社会性"目标相互衔接、融合的教育家视角、观念。其内容涵盖人格、情感、社会性认知、智力开发、保健等幼儿教育亟待引起重视的方面;同时以"接地气"方式,使教经典理论转化为有效的教学行动,将各项教育目标融入幼儿园课程与教学活动之中,展现出幼儿教育"中国化"理论与实践特有的光彩。

站在陈鹤琴教育思想研究与传承角度,记得已故陈鹤琴长子陈一鸣(1920—2014年)向我们表达,陈鹤琴先生一生都致力于"中国化"幼教理论研究与教学实践,他与陶行知先生共同推动"生活教育"的发展。他的最大愿望,就是将幼儿教育学说在更大范围普及,尤其在偏远地区乡村幼儿园推行。可以说,这套丛书的出版,使陈鹤琴"活教育"学说及教育思想、理论真正回到儿童、教师与家长中间,进而成为提高幼儿园教学素质的指南与教师进步的动力,从而实现陈鹤琴先生对"活教育"学说的期待,即"心理学具体化,教学法大众化";同时,也是对中国老一辈教育家倡导"科学化""中国化""大众化"幼教发展理想与"做中学、做中教、做中求进步"研究作风的解读与实践。

2009年3月陈一鸣、陈秀云、陈一飞三位老人以陈鹤琴子女名义对《国家中长期教育改革和发展规划纲要》提出建议,其中有一段文字发人深省:

事实证明,将学校各科教学活动更密切地与在教师指导下的、学生有计划的社会实践、科学实践、家教实践等调查研究和亲自体验结合起来,必将有助于学生人文精神和科学精神的建立和发扬;同时可以克服空洞说教、言行不一、知行矛盾的教学弊端。……②

时至今日,虽然三位老人都已离世,但是他们的嘱咐犹然在耳,我们作为陈鹤琴后代深深知道,陈鹤琴教育思想与"活教育"学说作为"中国化"现代教育理论与实践的成果与标志,其"生命力"属于中国幼教事业和广大一线幼儿园园长、教师、家长!

---

① 参见《旧式教育与新式教育的分别》,载《陈鹤琴全集》第四卷,江苏教育出版社,2008年8月,第42页。
② 引自《对〈国家中长期教育改革和发展规划纲要〉的建议》,载《陈秀云教育文集》,金城出版社,2012年6月,第181页。

祝贺本套丛书出版问世!

柯小卫(陈鹤琴外孙)
北京市陈鹤琴教育思想研究会副理事长、中国陶行知研究会常务理事、中国作家协会会员
陈庆(陈鹤琴孙女)
上海市陈鹤琴教育思想研究会副秘书长
2019 年 3 月 2 日

目录

第一部分　理论篇

第一章　理念阐述　1
第一节　探寻源头　1
第二节　探微理论　3

第二章　形式陈明　5
第一节　形成框架　5
第二节　确立路径　8

第二部分　实践篇

第三章　善待自己　15
第一节　悦纳自我　15
　　　　特别的我　16
　　　　快乐的我　22
　　　　勇敢的我　30
第二节　强健体魄　38
　　　　运动认知　38
　　　　自主运动　46
　　　　创意运动　54

第四章　善待他人　　61

第一节　感恩长辈　　61
　　　　亲亲父母　　62
　　　　敬爱老师　　68
　　　　情满邻里　　74
第二节　友爱同伴　　83
　　　　我的好朋友　　83
　　　　我来帮助你　　92

第五章　善待环境　　101

第一节　珍视人文　　101
　　　　家乡非遗　　102
　　　　传统习俗　　110
第二节　珍爱自然　　119
　　　　春的秘语　　119
　　　　夏的畅享　　127
　　　　秋的探寻　　135
　　　　冬的故事　　143

第一章 理念阐述

教育是一项完善人的事业,应该唤醒人性的美好,塑造一个内心强大并富有爱心和智慧的、有社会良知和责任的人。教育是一份坚守,是一种成长。教育者应充满理想、激情和人文情怀,热爱岗位,专心致志打造一个学校,引领一个团队,让理想慢慢变成现实。

怀着对教育事业的执着和热爱,承担着这份责任感、使命感,我园一直在实践路上思考。做什么样的教育?培养什么样的人?教育之"育"应该从尊重生命开始,使人性向善、胸襟开阔,使人唤起自身美好的善根。哲学家亚里士多德说过,"幸福是一种善,它是人类最高的善,它是一种最高的快乐"。培养儿童良好的思想品质和人文情怀,其中最根本、最基础、最重要的乃是善的教育。我们希望为幼儿一生幸福播下善的种子,让爱和善良在幼儿的心灵深处萌芽,能够从小懂得爱和善,珍爱自己,更珍爱他人,让幼儿的生命因善的教育而灿烂。

第一节 探寻源头

一、致善课程源于何处?

1. 源于传统文化

善:它是中华民族传统经典文化核心内容之一,有美好、善良、友爱等意,具有深刻的伦理学、哲学和社会学内涵。善是人类最原始最美好的情感,是对人的一种态度和行为准则,超乎法律和道德的约束。有善就有敬畏,就有约束,就有奉献,就有合作。善是传统文化的重要元素,也是现代法理的基本要求。中国传统文化历来追求一个"善"字:待人处事,强调心存善良、向善之美；与人交往，讲究与人为善、乐善好施；对己要求，主张独善其身、善心常驻。"上善若水"说明人的最高境界如水品性，能泽被万物而不争名利；"止于至善"乃是中国传统文化之经典，出自《大学》开宗明义明句："大学之道，在明明德，在亲民，在止于至善"。总之人类一切美好的东西都可称之为"善"。

2. 源于地域文化

象山县举办了第二十届中国开渔节，提出口号："善待海洋就是善待人类自己"，体现了渔民对海洋的敬畏，对自然生态的保护。"善行象山"是县委县政府对市民的行动倡导，以善念传播、善风培育和善举践行为主要抓手，弘扬社会主流价值观。象山精神——海纳百川，勇立潮头，体现象山人大海般博大的胸怀，以及勤劳、善良、友爱的品质。

3. 源于园所文化

海韵幼儿园于2004年9月创办，一直以"关注孩子生命成长，促进幼儿健康发展"为办园宗旨，以"发展孩子、成就教师、深化内涵、提升品牌"为目标，提出"知行合一，做最好的自己"的教育理念。办园十多年以来，开展了多项课题研究：如2005年"感恩教育"，让幼儿心存感恩之心，获宁波市优秀课题成果二等奖；省立项"健康小护照行动"，让幼儿拥有健康的体魄，获宁波市政府课题成果奖；"百合小镇"公民意识、争做"自豪象山娃"等课题让幼儿学习了解社会、适应社会，产生爱家乡情怀，拥有归属感等。这一切，为幼儿园开展"致善课程"提供了基础。

基于中国传统文化、中国文明底蕴和幼儿园多年来积淀的文化思考和培养现代儿童之需求，象山海韵幼儿园进行致善课程的实践研究。

二、致善课程发展的经历

一是以教材为基础，探索幼儿社会性发展阶段。2004—2009年，实施感恩教育，以教材为基础，预设为主，开展对儿童感恩教育的实践研究，结合感恩教育在主题教学和节日活动中进行。

二是特色课程自主发展阶段。2009—2013年，开始自主探索阶段，以"健康小护照"课题为抓手，遵循陈鹤琴先生提出的"做人，做中国人，做健康的中国人"的理念，培养强健体魄，促进幼儿动作的发展和健康生活习惯的养成，享受运动带来的阳光和畅快。为形成积极向上的性格做辅垫。

三是致善课程探索研究阶段。2014年至今，在致善课程的实践阶段，提出"心向善、行有礼、玩中学、乐中长"课程培养目标，对课程认识有了深刻的变化，深化了教师一日活动皆课程的理念，在课程设置和时间分布上进行了调整。首先减少了集体教学活动时间，增加了自主游戏时间，加强生活活动的自主性。其次，打破了教室原有的布局，大大拓展幼儿自主性学习区域，改变了原来桌子整齐排列的固定现状。再次，课程内容与课程资源相结合，预设与生成相结合，以主题课程设计为背景，对省编课程内容进行重组、替换，符合本园幼儿的发展。2016年4月《致善之路——幼儿园感恩教育探索与实践》一书由复旦大学出版社出版，凝聚着幼儿园教师的心血和研究成果。

第二节 探微理论

一、致善课程理论来源

1. 陈鹤琴的活教育思想

"做中教,做中学,做中求进步""大自然大社会都是活教材""鼓励儿童去发现他自己的世界"给我们的启示:课程的来源是幼儿的生活经验和儿童的问题。好的课程应让幼儿在生活中体验、在体验中学习、在实践中成长。顺应幼儿的天性,遵循幼儿身心发展规律,引导、支持幼儿自主发展。幼儿园、社区、家庭、社会、自然环境,都是课程资源。致善课程基于儿童,源于生活,提倡幼儿在体验中学习,在生活中探索,在真实情景中感受。

2. 瑞吉欧教育理念

2015年美国之行,笔者参观访问了7所幼儿园,学习了瑞吉欧教育理念。主张儿童的学习是与教师、同伴、家长、社区相互作用中建构的合作互动,不仅使儿童处于主动学习地位,还增强了儿童认同感、归属感和自信心。瑞吉欧的教学形式注重幼儿的实地调查,充分挖掘资源,关注教师与幼儿的共同成长。笔者借鉴瑞吉欧的教育理念,将参观、访问、体验、自主学习等不同形式纳入到课程中,教育形式多元化,教育者是多元的,评价方式也是多元的,最终达到幼儿、教师、家长共同成长,成为最好的自己。

3. 多元智能理论

该理论提出了有关课程开发的新概念,认为个体间具有差异,没有一个人能完全精通某一单独学科知识,因此需要开设个体化的课程;学生智能的评估过程是让学生处于能够激发他拥有的多种智能的环境中,然后观察其被吸引及钻研的程度,以此发现学生的强项和弱项,并根据这种评估的结果选择适合其学习的课程。

致善课程关注每个儿童的潜能。在课程实施中将遵循多元智能理论,在对课程进行设计时,既注重五大领域目标之间的融合,又重视儿童潜能的发展,使课程能够满足儿童全面发展的同时又符合其个性发展的要求。

三、致善课程践行思路

1. 有文化才有品位——致善文化的营造,承中求新,葆品质之园

做有教育情怀的教师,办有文化的幼儿园是我们的追求。园所文化包括精神文化、制度文化、物质文化和行为文化等方面,是由全体师生在长期的教育实践过程中积淀和创造出来的,并为其成员所认同和遵循的价值观、行为准则及其规章制度、行为方式、物质设施等的结合。它影响和制约人的发展,其最高价值在于促进人的发展。

海韵幼儿园以创建良好的园所文化为主旋律,积极营造"和谐民主的管理文化,温馨童趣的环境文化,积极合作的教研文化,务实创新的课程文化",构建理念系统、行为系统和视

觉系统，规范教师礼仪、言语禁忌、言行规范、交往规范，梳理文化定位、发展愿景、办学理念和培养目标，呈现出师幼特有的致善文化气质。

（1）环境的创设本着"承中求新，葆活力之园"的出发点，融合教育理念、致善墙、感恩卡、笑脸照、毕业汇、游戏长廊、神秘树屋、创意馆等为幼儿学习、游戏的提供温馨的场所。

（2）共同愿景的感召。一个团队是否和谐，关键看个体目标与团队目标是否一致，能否形成共同的愿景。美好的愿景不仅使大家对团队的未来充满了信心，而且还唤醒了他们的内驱力。海韵向日葵团队面向目标健康向上、激情奉献，实现了一次次的跨越。

（3）幼儿园是一个温馨的大家庭，"家"的安宁、"家"的秩序、"家"的声誉需要每位成员精心维护，"园荣我荣""爱园如家""用爱感悟，用心聆听"，合作互助的意识已深深扎根于团队成员心中，园所文化产生的无形力量是和谐的、积极向上的。

2. 教育是彼此感动——致善课程的构建，乐中求进，育人文幼儿

课程是促进幼儿发展的抓手，我园立足实际，因地制宜，以顺应幼儿的天性为原则，在多元、丰富、适宜的课程中，让幼儿在快乐中学习，在生活中成长，在游戏中体验。我们倡导：在游戏化的互动环境中强身健体；在个性化的多元课程中开启心智；在生活化的自然情境中陶情养德；在体验式的多彩活动中发展个性。构建四大体验课程来培育人文幼儿：分享阅读——知善；海宝行动——向善；感恩教育——乐善；小鬼当家游戏——行善。在体验式学习和游戏中，幼儿知善、向善、乐善，"七彩宝宝"的评价方式让幼儿收获向善的成功喜悦。

3. 教育需要合力——致善团队的打造，爱中求融，培情怀教师

一所优质有特色的幼儿园，需要一支智慧有情怀的教师团队。海韵幼儿园以共同的愿景激发团队向心力；以和谐的文化增强团队凝聚力；以多元的培训提升团队竞争力。在"全面打基础，分层求发展，特长扬个性"的理念指导下，实施三大工程：奠基工程、阶梯工程、特长工程来打造海韵教师团队，提升专业素养，培育有情怀的教师。

向日葵团队有丰富多彩的活动：午间有约，心灵书吧，健身瑜伽，趣味运动会，秋季野炊，跨年聚会……来增进彼此的默契，形成合力。向日葵团队有博大爱心，积极参加公益活动：多次无偿献血，获得宁波市先进；救助白血病儿童；关爱孤寡老人；结对助学贵州学生；为乡村海岛幼儿园送绘本；帮扶重病保育员……有爱有情怀的团队坚持十几年如一日。教师们感受到帮助别人的快乐善行成为自身的一种习惯。

更难得的是家校合力共同践行致善教育，"海之韵公益团队""父亲联盟行动"是由家长参与的组织，他们陪伴幼儿一起阅读、一起运动，陪伴幼儿一起探索、做公益。通过捐赠、助人等活动，让幼儿年幼的心灵被助人为乐的善举温暖浸润，"致善教育"实践的一环为幼儿心灵抹上亮丽一笔。

致善教育让幼儿拥有优秀的品质、美好的情感、文明的行为、良好的教养和健康的身心，让海韵幼儿园的幼儿拥有鲜明的烙印。海韵幼儿园的"致善教育"实践之路在行进中，这种基于中国传统文化的教育，定能在彰显中国深厚文化底蕴的同时，凸显现代幼儿精神道德培养之需求。同时也希望通过"致善教育"的扩展和深化，让善行成为社会的平常事，我们的社会能变成一个无需表扬施以善举的人的社会。

第二章　形式陈明

一、目标框架

（一）致善课程内涵

致：给、表达、致力于的意思。

善：爱、尊重、悦纳等人类一切美好的东西都可统称为善。让幼儿在学前阶段健身心、懂感恩、乐探究、善交往、有自信，知行合一做最好的自己，即是善。

致善课程：

（1）倾听儿童的声音，接纳儿童的独特性、差异性，并给儿童一个发展的空间，促进每位儿童在原有水平上的发展。

（2）尊重儿童的发展规律，尊重和接纳儿童的表征，尊重他人的观点。促进每个课程参与者（教育者）在原有水平上成长。课程实施中爱与尊重是核心，爱是基础，要真正把幼儿园还给幼儿，尊重儿童的天性。可以把爱分成三个层次。

① 第一个层次最为直接，爱是可以捕捉、触摸的，表现在带班时和幼儿生活的每一个阶段。如蹲下来看着幼儿的眼睛和幼儿说话，微笑、拥抱，关爱每个孩子。

② 第二个层次：教师理解自己的定位，幼儿是教师的伙伴，互为主体，平等应对，需要时帮助幼儿。

③ 第三个层次：呵护幼儿的天性，尊重幼儿的发展规律。让幼儿在一日生活中感受到无比的温暖和爱，悦纳自己，调整自己，成为最好的自己。

（3）幼儿、教师和家长共同成长，共同发展，在课程实践过程中，需要独立思考、判断、反思、质疑、创新、生成……遇见最好的自己。

总之致善课程旨在遵循幼儿发展规律，顺应自然，让幼儿在积极情绪体验中感知、发现自己、悦纳自己，形成积极的人际关系，尊重他人，敬畏自然，乐于探究，善于合作，启迪智慧，让爱滋润幼儿的心灵，为幼儿的幸福人生奠基。

(二) 致善课程总目标

致善课程核心：善润童心，启智养慧。

致善课程总目标：健身心、爱家乡、乐探究、善交往、有自信，成为最好的自己。

1. 健身心

（1）身体健康、体质强健，动作协调灵敏，有一定的耐力。

（2）情绪安定愉快，对各项活动兴趣高，能积极参与。

2. 爱家乡

（1）知道自己的家乡，了解和熟悉家乡的风景名胜和特产。

（2）感受家乡的美丽，进一步萌发对家乡的自豪感和爱家乡的情感。

3. 乐探究

（1）对周围事物、现象感兴趣，有好奇心和求知欲，能运用各种感官，动手动脑，探究问题。

（2）爱护动植物，关心周围环境，珍惜自然资源，有初步的环保意识。

4. 善交往

（1）友好、大胆地与他人一起游戏，喜欢结交新朋友。

（2）有高兴的或有趣的事愿意与大家分享，有问题愿意向别人请教。

5. 有自信

（1）自己能做的事情愿意自己做，与别人的看法不同时，敢于坚持自己的意见并说出理由。

（2）知道自己的优点和长处，并对此感到满意。为自己好的行为表现或活动成果感到高兴。

二、课程框架

课程框架的设计对幼儿园课程的开发和实施具有指向性的作用，是幼儿园课程实施的指南，指导着教师科学地展开活动。虞永平教授提出，幼儿园课程是从幼儿身心发展的特点和特定的社会文化背景出发，有目的地选择、组织和提供的综合性的、有益的经验。这些经验的初始形式可以是主题、单元、学科、领域等，但它们最终都将转换成经验的形式，即以感性的、具体的、活动的形式对幼儿的身心产生作用。因此，幼儿园课程框架的建立应从儿童的身心发展规律、学习特点出发，创设多样化的活动情境、活动方式、活动路径等，满足儿童全面发展的需要。

致善课程的实施是一个不断推进的过程，在课程理念的指引下力求从幼儿园的实际和现状出发，建构具有园本特色的课程结构。（见图2-1）

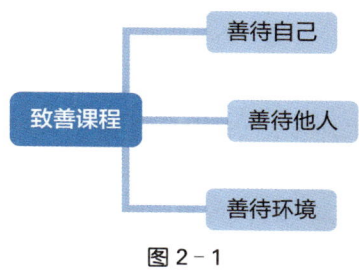

图 2-1

三、课程关键词

1. 善待自己

一个有着坚强心理素质的民族才是真正坚强的民族,儿童能否正确认识自己,悦纳自己,敢于面对困难和挫折的态度,代表了未来这个民族的基本素质。因此引导幼儿学会了解自己、接纳自己、肯定自己;学会自我控制,克服诱惑;学会舒解愤怒、低落、忧郁、厌倦的情绪;学会思考,养成积极的情感态度至关重要。而一个人只有在善待自己的基础上,才能学会善待别人。

在《3—6岁儿童学习与发展指南》(以下简称《指南》)中有一条目标这样指出:"具有自尊、自信、自主的表现"。我们课程版块里的善待自我就是通过认识自我、形成健康体魄两大要点出发,让幼儿自尊、自信、自主地发展,通过活动、通过交往认识自己,形成对自己的积极态度。(见图2-2)

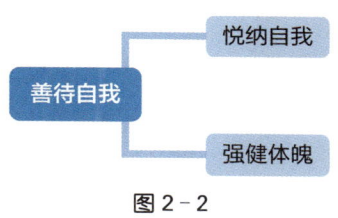

图 2-2

2. 善待他人

善待,看似一个很简单的字眼,但要每个人都做到却是一件不易的事。善待他人就是无害人之心,就是与人为善、成人之美。善待他人要做到理解、信任、尊重、宽容、关心、帮助他人等。在这个版块中我们将带着幼儿走近身边的人、伙伴,教会幼儿感恩身边的人,关爱身边的人;带着幼儿走进幼儿园旁边的社区,让幼儿用自己的行动表达对社区关爱的感谢;带着幼儿走进海岛、偏远乡村,让幼儿感受他们的生活,用自己的力量传递爱,让海岛、偏远乡村的幼儿感受温暖、幸福的生活。同时通过了解家人,拉近幼儿与祖辈家长的感情,唤起幼儿对祖辈家长的尊重、尊敬;通过"猜猜我有多爱你"的活动,建立幼儿与父母、父母之间的良好情感。(见图2-3)

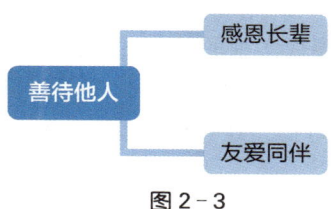

图 2-3

3. 善待环境

环境是人类生存、繁衍和发展的摇篮,它包括自然环境和人文环境。自然环境是人们生存的外在环境,包括大气环境、水环境、土壤环境、地质环境和生物环境等。人文环境是人类创造的物质的、非物质的成果的总和。人文环境反映了一个民族的历史积淀,也反映了社会的历史与文化,对人的素质提高起着培育、熏陶的作用。在善待环境的版块中从自然和人文两个方面来让幼儿感知、了解,从而产生关爱、珍视、保护的积极情感。(见图2-4)

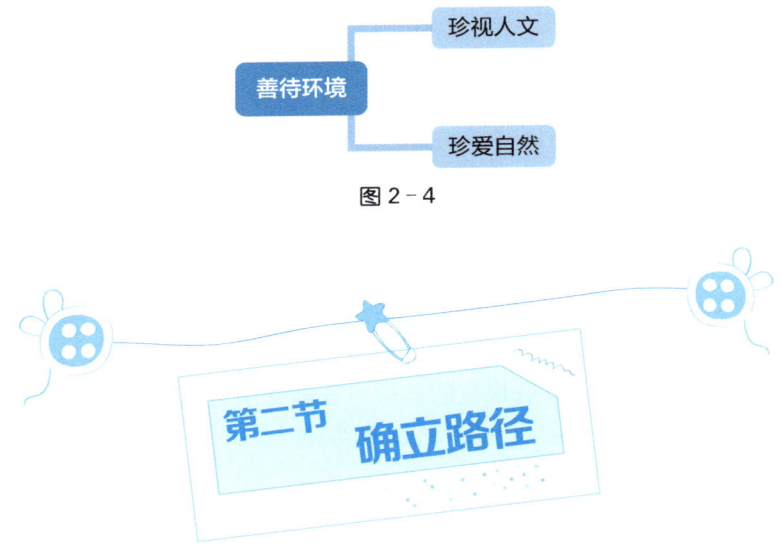

图2-4

第二节 确立路径

一、实施原则

(一) 遵循自然的原则

《大教学论》提出:"教学的恰切秩序应该从自然去借来,不能受到任何的障碍"。其基本含义是:自然界存在着一种起支配作用的普遍法则,即"秩序"或"规律"。这些秩序或规律,无论在动、植物以及人的活动中都发挥着作用。人是自然界的一部分,必须服从于自然最主要和最普遍的法则。以培养人为主要任务的教育工作,也必须遵循自然法则,才会合理可靠,并发挥出应有的效力。课程应遵循儿童的天性,顺应儿童的发展规律,以儿童的视角,采用适合儿童年龄特点的教学方式,让儿童快乐地参与课程,以自己的方式去感知发现,成为学习的主人和知识的主动构建者。

(二) 尊重个性化原则

陈鹤琴先生认为,"儿童是一个有生长力和生命力的小孩""儿童不是'小人',儿童的心理与成人的心理不同,儿童时期不仅作为成人之预备,亦具他本身的价值,我们应当尊敬儿童的人格,爱护他们的烂漫天真"。由此可见,儿童是有独立思想的个体,课程应该尊重儿童自身的发展,把儿童的发展放在课程实施的首位,倾听儿童的声音,尊重儿童的个性,接纳儿童的独特性、差异性,并给儿童一个发展的空间,促进每位儿童在原有水平上的发展。课程实施中爱与尊重是核心,真正把幼儿园还给幼儿,要求教育者必须充分尊重幼儿的主体地位,尊重每名幼儿独特的人格特点。

1. 了解幼儿的气质特点

气质是个体与生俱来的差异特征,是人格发展的基础,它使每个人的行为方式都带有独特的色彩。只有当家长和教师了解了幼儿的气质特点,才能够充分尊重幼儿的个体差异,避免对幼儿横向比较和按照成人期望去教育。

2. 了解幼儿的年龄特征

幼儿期有其特定阶段的特点,并有规律可循。例如,低年龄幼儿注意力不集中是正常的,随着年龄的增长,注意力集中的时间逐渐延长,也是正常的,但如果注意力集中的时间长短仍没有变化,就可能是行为问题了。再如,2～3岁是幼儿发脾气的高峰期,因为人生的第一个危机到来了。但是如果过了这段时间,幼儿每天仍会发脾气,可能就是心理问题了。

3. 个性化与社会化相协调

在遵循个性化教育原则的同时,也要重视社会发展所需要的共同性心理特征,如与人相处的问题等。现代社会是一个多元化的时代,具有独特个性的个体应该得到社会的重视和鼓励,但也要注意与社会发展协调一致。

(三)预设与生成相结合的原则

在课程实施过程中,教师既要重视预设活动,又要引导生成活动,在坚持预设与生成相结合的过程中,满足幼儿的兴趣,促使幼儿各种经验得以整合。"教师跟随着幼儿,而非计划",教师关注幼儿的兴趣需求以及对课程计划安排的灵活性,这些要求都需要教师以"平视"的眼光看待幼儿,把幼儿作为一个独立的人来看待。这种"平视"的眼光就是要真正地走进幼儿的心灵世界,从幼儿的视角去看待他们眼中的世界,教师与幼儿面对面,目光相接,心灵相通,达到"视界融合"。在生成课程实施过程中,教师应把幼儿看作是拥有各种权利的独立的人。幼儿有根据自己的观点来讲话的权利;有根据自己的独特经验和意识水平来同他人合作的权利;有追求个性的权利;等等。教师应把幼儿看成是主动的、有能力的学习者,是自己发展的主人。幼儿天性好奇,在生命早期就能主动同其周围的物质世界和文化世界发生交互作用。幼儿有着巨大的发展潜能,具有自己独特的学习方式,有着自己的哲学,有能力根据自己的经验和意识水平去理解世界、创造意义。因此,教师要尊重、信任幼儿,使幼儿成为学习者,成为自己成长的真正主人。

(四)幼儿园与家庭、社区相结合的原则

《幼儿园教育指导纲要(试行)》中总则部分就明确提出:"幼儿园与家庭、社区密切合作,与小学相互衔接,综合利用各种教育资源,共同为幼儿的发展创造良好的条件。"《幼儿园工作规程》中也指出:"幼儿园应密切与社区的联系与合作,宣传幼儿教育知识,支持社区开展有益的文化教育活动,争取社会支持和参与幼儿园建设。"幼儿园生成课程本身具有开放性的特点,呈现的是一种大课程观。课程的实施并不仅仅是教师的事,幼儿、家长和社区人员都能成为课程的实施者,而且是教师无法取代的。幼儿园应加强与家庭、社区的密切合作,积极创造条件,让家长认同、支持、参与幼儿园课程的开发和实施,充分利用家庭社区及周边环境的教育资源,扩展幼儿生活和学习空间,多途径地协助家长提高家庭教育的能力,共同促进幼儿的健康成长。

在课程实施的过程中要建立有温度的师幼关系,更要引导家长建立健康的亲子关系。幼儿、教师和家长共同成长,共同发展,课程实践过程中,需要独立思考、判断、反思、质疑、创

新、生成……遇见最好的自己。

二、实施策略

（一）全园致善课程规划

在课程实施过程中，经常困扰教师的问题是，追随幼儿的兴趣和需要是否意味着生成课程是随意的、偶然的、盲目的？在追随儿童兴趣的同时如何体现教育的计划性、目的性和系统性？课程以儿童为中心，围绕幼儿的兴趣和需要进行，但强调这一点并不否认其目的性与引导性。课程虽然是动态的，在不断探究过程中调整完善，但有效的生成必须以宏观的课程目标为导向，紧紧围绕课程目的来进行。致善课程的实施建立在省版教材使用的基础上，根据季节、节日、传统、地域文化等因素加入致善课程，在致善课程实施的过程中幼儿园需要有一个统筹的安排和规划，在每个学期开始阶段幼儿园对一学期的主题安排进行预设。在全园小、中、大班三个年龄段的基础上每个月预设相同的致善课程大主题。这些主题框架适当留白，给每个年级、班级生成新的主题内容留出空间和可能。

（二）年级致善课程调整

当有了全园的规划后，各个年级组在组长的带领下根据大、中、小班三个年龄段幼儿的年龄特点、发展水平和能力商量、审议、制定更适合本年龄段幼儿的课程。如在"爱在春天里"的主题中，小班就根据幼儿以自我为中心的特点，将"爱在春天里"的"爱"落脚在爱同伴，这里主要是自己班级里的小伙伴上，与班级里的小伙伴分享好吃的、好玩的、好看的；中班就将"爱"落在妈妈身上，用自己的方式表达对妈妈的了解，说说、画画幼儿眼中的妈妈，做成一本独一无二的《我的妈妈》书籍；而大班则将"爱"的范围扩大，扩大到海岛、偏远乡村的小伙伴身上，通过广场义卖等形式为小伙伴筹集善款、购买绘本，把阅读的乐趣传给远方的小伙伴。

（三）班级致善课程细化

"致善课程"是我园自行设计、量身定做的园本课程，其课程的发展关键就是以班级为基点的特色课程的实施与开发。因为教师在与本班幼儿交往、交流中更能关注本班幼儿发展的需要，努力促进每个幼儿真正在原有水平上得到发展。"大自然，大社会"都是"活"教材，陈鹤琴先生主张："儿童的世界是儿童自己去探讨、去发现的，大自然、大社会是孩子们最真实的、最丰富的、最具吸引力的学习环境"。班级致善课程的拓展就是就是将这些"活"教材变成让幼儿看得见、摸得着、感受得到的内容。

1. 生活中的致善课程拓展

每年的9月是我县独有的节日"开渔节"，这个以地域文化为背景的节日是开展课程的最好时机，在全园设定的"缤纷海洋"的主题中各个班级又根据幼儿的兴趣、需求纷纷生成了不一样的班级特色课程。如有的班级生成了"缤纷海洋"——神奇的鱼拓；有的班级生成了"缤纷海洋"——渔民伯伯辛苦了；有的班级生成了"缤纷海洋"——海洋生物；有的班级生成了"缤纷海洋"——家乡开渔节等等主题。这个主题的预设就来自幼儿生活，只有发生在幼儿身边的人、事、物才能引发幼儿共鸣，让幼儿在活动开展中有充足的已有经验，通过这些已有经验，引发幼儿去探求自己的未知经验。

2. 自然界中的致善课程拓展

我园树木繁多，春夏秋冬四季特征明显的树木遍布幼儿园的各个角落，这些果树就是幼儿最好的学习教材。我们带幼儿走向自然，让幼儿在与大自然的接触中尽情地看看、听听、想想、摸摸、做做,满足幼儿的好奇心和渴望主动发现、主动探究的心理,获取最真实的感受。让幼儿在多彩的环境中学会观察、学会创造。教师带着幼儿追随着四季的脚步,在春季唱一曲"百花歌会"、夏季进行一场"快乐采摘"、秋季赴一场"华桂之约"、冬季舞一曲"白雪飘飘"。

(四)"四步归一"的课程途径

"致善"课程实施的主体是幼儿,所以我们在课程实施的过程中始终坚持以幼儿为起点,以自下而上的路径实施,凸显出"四步归一"的过程:第一步,发现儿童,展开价值判断;第二步,解读儿童,寻找未知经验;第三步,支持儿童,解决未知经验;第四步,展现儿童,获得新经验。从而启发幼儿智慧,促进幼儿"知行合一"的发展。

1. 发现儿童——展开价值判断

幼儿感兴趣的事物很多,是否都需要发展为课程呢?回答当然是否定的。教师既不能无视幼儿的兴趣、需要,也不能一味盲目追随。判断幼儿的兴趣和需要是否适合生成活动,应该考虑以下几点:(1)是否具有教育价值?(2)是否符合其年龄特点?(3)是否建立在幼儿的生活经验之上?教师应富有智慧地筛选出那些蕴含教育价值、符合幼儿年龄特点、建立在幼儿生活经验上的活动课程来实施。

如"春的秘语"版块下的"绿野仙踪"主题,就是教师在一次组织幼儿进行户外写生活动时产生的活动灵感:幼儿拿着记号笔素描本来到了草地上,一边找春天,一边画起来。"咦,这棵树好奇怪,怎么扭来扭去的,我都不会画了""哇,这棵树上有花啊,好奇怪,树叶都没有怎么会有花呢?""你来看,我发现这棵树的树皮像小路,我把它画下来。"从幼儿的只字片语中,教师感受到幼儿对树的生长及变化特征有着浓厚的兴趣,并根据《指南》中指出的"能感知和发现动植物的生长变化及其基本条件""让幼儿多接触大自然,感受和欣赏美丽的景色,和幼儿一起发现、感受和欣赏美"这些内容进行判断和分析,认为探究树的秘密是很有价值的,于是就组织幼儿进行了一场"绿野仙踪"主题的探秘行动,从而引发幼儿关注自然、珍爱自然的情感。

2. 解读儿童——寻找未知经验

做了价值判断之后,教师要做的就是了解幼儿的未知经验,这一步的目的就是为了了解幼儿已经知道的和幼儿想要知道的问题,只有在了解幼儿想要知道的基础上之后开展活动,幼儿才会真正地投入到活动中去。

如"绿野仙踪"主题,教师通过"关于树你想了解些什么?"这一问题的提出需要了解幼儿的未知经验。幼儿通过和同伴、爸爸妈妈一起商量的方式记录自己的问题,教师将幼儿的未知经验进行了梳理和罗列,寻找焦点问题和幼儿一起解决。通过这次调查和谈话,了解到大多数幼儿对树名、外形、四季中的变化感兴趣,特别是树干的粗细、竖纹的不同,汇总如表 2-1。

表 2-1

想了解的内容		人数
树的构造方面	不同的树叶	19人
	神奇的树根	
	树干	
	树枝生长的方向	

(续表)

想了解的内容	人数
树的用途	3人
四季树的变化 落叶树和常绿树	11人
树的名称	5人

图2-5 大树奥秘

图2-6 各种各样的大树

3. 支持儿童——解决未知经验

了解幼儿的未知经验以后,就说明为幼儿的学习更加明确,也使教师的支持更加清晰,在这个过程中教师要扮演的唯一角色就是支持,包括环境的支持、材料的支持和知识的支持。

如"绿野仙踪"主题中,草地上、树丛间、操场上,到处都能看见幼儿主动探究、交流分享、细心记录的身影。

（1）环境的支持：教师把整个幼儿园操场作为幼儿的学习场,把整个幼儿园的树木作为幼儿学习的材料,幼儿了解了幼儿园各种各样的大树,发现了不同树木的不同纹路,数清楚了幼儿园里大大小小的树。

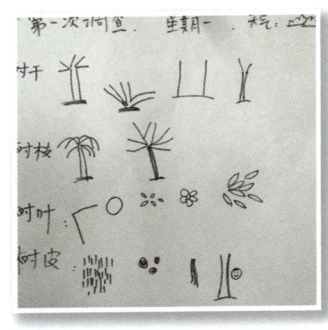

图2-7 调查大树

图2-8 树的花纹

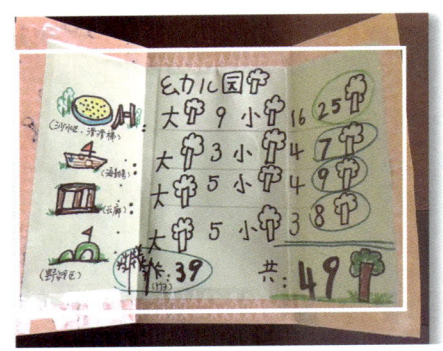

图2-9 幼儿园里的树

(2) 材料的支持。

幼儿的发展是在和物质材料的相互作用中实现的。充足的、精心设计的物质材料给幼儿提供了发展的机会和可能。幼儿的年龄特点决定了幼儿的活动与学习必须有物质方面的支持才能进行,物质方面的支持为幼儿的学习提供了基本条件。教师应为幼儿提供充足、丰富、有价值的物质材料。

在"绿野仙踪"主题中,当幼儿提出想知道幼儿园最细的树的腰围和最粗的树的腰围是多少时,教师就给幼儿提供了各种各样的自然测量材料,如彩带、标签绳、麻绳、毛根,还有连接起来的长纸条,用首尾相接的方法测量大树的"腰围"。最后通过专业测量工具皮尺进行测量,测出海韵幼儿园最粗的树有 250 mm,最细的树只有 8 cm。

(3) 继续探究的支持。

由于幼儿生活经验和知识经验的不足,在对事物进行探究时往往比较片面,面对这些情况,教师要引导幼儿进行深层的探究,给予继续探究的支持。

在"绿野仙踪"主题中,教师提出新的探究点:为什么要种树? 问题的提出又一次给幼儿打开探究的通道,于是幼儿继续收集资料与同伴、家长互动。幼儿知道了种树可以给生活带来新鲜的空气,可以防风;种树不仅对人类有益,对动物也有很大帮助。于是幼儿决定向大树表达自己的感谢,给大树制作感谢卡,感谢大树给我们的生活带来好处。

图 2-10 我做树朋友

图 2-11 小鸟的窝

4. 展现儿童——获得新经验

课程基于自然,重在幼儿的参与体验、发现问题和解决问题,培养好奇心,探究能力,最终发展幼儿。在几次活动中,幼儿的观察探究能力得到了很大的提升,完全超出了我们的预想。大自然就是我们的活教材,幼儿走出教室,走向户外,能更好地发展儿童,展现儿童的智慧,帮助儿童获得新经验。

在"绿野仙踪"主题中,为了更好地促进幼儿发展,教师鼓励幼儿化身花仙子为全园幼儿带来了"春姑娘的种子",化身环保小卫士,制作海报宣传环保小知识。发动爸爸妈妈的支持,在海韵种植基地种上属于幼儿的小树苗,幼儿还纷纷约定,每年春天都会来看看小树苗,比比谁长的高。

第三章　善待自己

善待自我从悦纳自己开始，欣赏自己的独特，感受成长的快乐，形成勇敢的我。拥有强壮的体魄是善待自我的基础，让幼儿感知运动的有用，自主地进行运动，有创意地运动。（见图3-1）

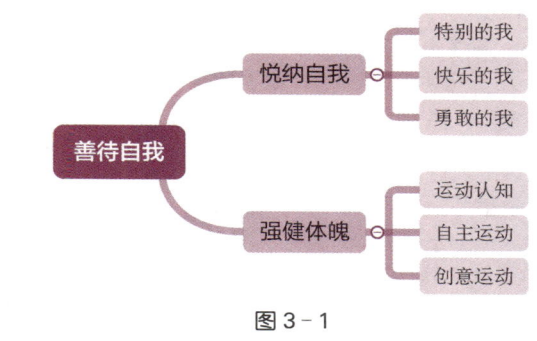

图3-1

每一个"我"不仅是一个独特的"我"，而且是一个生命不断成长与发展的"我"。在生活中幼儿发生着悄然的变化，兴趣、情感、能力等方面也不断发展。本节通过"特别的我""快乐的我""勇敢的我"三个主题的活动，让幼儿发现自我的力量。

特 别 的 我

活动适宜季节：任何季节
主要目标领域：社会
辅助目标领域：语言

【建议目标】

小班
1. 认识自己的五官、身体的主要部位和性别，初步了解自己。
2. 初步了解自己成长中的变化，愿意在集体面前表达自己的想法。

中班
1. 知道每个人都有自己独特的地方，为不一样的自己感到自豪。
2. 了解自己成长中的变化，乐意大胆表达自己的想法。

大班
1. 知道每个人是独一无二的，学会悦纳自己和他人的与众不同。
2. 了解自己成长中的变化，愿意大胆展示自己。

【主题框架】

主题"特别的我"主要从"不一样的我""长大了的我"两个方面展开，这一主题活动参考框架如下（见图3-2）。

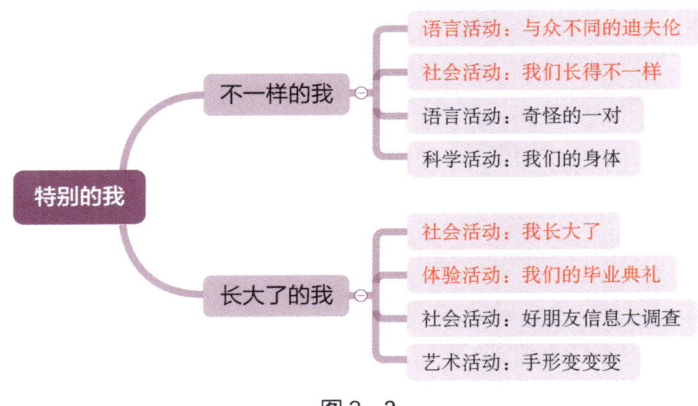

图3-2

【活动案例】

语言活动：与众不同的迪夫伦

【建议年龄段】 中班

【活动准备】

1. 绘本《与众不同的迪夫伦》PPT、背景音乐。
2. 幼儿的自画像。

【活动过程】

一、活动导入

1. 阅读封面，引出主人公。
2. 观察封面，发现迪夫伦的特别之处（理解词语：与众不同）。
3. 谈论对主人公的看法。

小结：迪夫伦生下来就长着五颜六色的彩色条纹，别的斑马都用奇怪的眼神看着他，远远躲着他，迪夫伦觉得很孤独，它伤心地说："我一定要变成一匹长着黑白条纹的斑马。"

二、活动开展

（一）阅读迪夫伦试图改变自己的过程（绘本1~4页）

1. 你知道迪夫伦喜欢自己吗？你从哪里看出来的？
2. 迪夫伦可不怎么喜欢自己彩色的条纹，它用了哪些办法改变自己呢？

（二）试图了解迪夫伦离家出走的遭遇（绘本5~10页）

1. 迪夫伦被一只有着漂亮斑纹的长颈鹿吸引住了，你猜发生了什么事情？能说说自己的想法吗？
2. 奔跑的老虎身上的斑纹让迪夫伦惊呆了，它会怎么想？又会怎么做呢？它觉得做一只老虎好吗？
3. 迪夫伦来到了农场，看见了有很多斑纹的奶牛，它们正在挤奶，你认为这次它能成为一头奶牛吗？
4. 教师讲述绘本的情节片段，幼儿欣赏并验证刚才自己的想法。

（三）猜想绘本结尾，完整欣赏阅读

1. 解读故事结尾。

师：最后迪夫伦的心情怎样？从哪里看出来它很快乐？

2. 完整欣赏阅读。

师：你会怎样安慰迪夫伦，让它快乐起来呢？

三、活动延伸

1. 同伴间互相讲述讨论自己的不一样。
2. 学习接受、赞扬别人的不一样。

小结：每个人都有不一样的地方，可能是一句话，可能是一个特别的想法，可能是你与众不同的外形……这些"不一样"让我一下子就记住了特别的你。你们的"不一样"真有趣，让我们把自己的"不一样"介绍给其他小朋友吧。

社会活动：我们长得不一样

【建议年龄段】中班

【活动准备】

人手一面镜子、预先完成"我的喜好"调查表、图形添画纸、画笔、教师自制图书。

【活动过程】

一、活动导入

1. 个别幼儿躲藏起来，请大家猜猜是谁发出来的声音？
2. 小结：原来我们每个人都有跟别人不一样的声音。

二、活动开展

（一）观察比较自己和他人外显特征的不同

1. 每人找一个好朋友，两人一组，照镜子观察比较。

师：我们一起来照一照镜子，看看自己的长相，也瞧瞧好朋友的长相，比一比脸型、头发、眼睛等地方有什么不一样。

2. 比较后请几组幼儿交流。
3. 小结：原来我们每个人除了声音不同，长相都不一样。

（二）发现比较自己和他人内隐特征的不同

1. 幼儿完成图形添画。
2. 幼儿展示作品，表达想法。
3. 小结：原来我们每个人都有跟别人不一样的想法，一个圆在你们的手上都变成了各种各样的东西，这都是我们自己独特的想法。
4. 出示前期调查表，说说"我的喜好"。
5. 小结：原来我们每个人的外貌、想法、喜好都不一样，每个人都是"不一样的我"。

三、活动延伸

1. 集体阅读教师自制图书。

师：我也有自己独特的喜好、想法，我把这些不一样做了一本小书。我们一起来看看。这就是我，和你们不一样的我，我喜欢我自己。

2. 鼓励幼儿自制图书。

师：小朋友也可以去做一本"不一样的我"图书，向你的朋友、爸爸妈妈介绍。

社会活动：我长大了

【建议年龄段】中班

【活动准备】

1. 婴儿以及 2～3 岁宝宝的生活录像、照片、穿过的衣物。
2. 一张大的纸娃娃、一支红色记号笔、排序卡和小图片。

【活动过程】

一、活动导入

教师出示婴儿以及 2～3 岁宝宝照片，幼儿相互观赏照片。

二、活动开展

(一) 我们的身体在长大

1. 我们现在的样子和小时候的样子不一样了，是哪里不一样了呢？（见图 3-3）
2. 个别幼儿用小衣小鞋来示范，增加活动的趣味性。

(二) 我的本领在变大

1. 播放婴儿录像。
（1）这个小宝宝在干什么？
（2）为什么他要用奶瓶？为什么他要妈妈抱？
2. 播放 2～3 岁宝宝录像。
（1）我们来看看小妹妹在干什么？
（2）你有哪些本领比小时候大了呢？
3. 拓展：幼儿知道自己还会长大，会学更多的本领。
（1）你们还会长大吗？
（2）长大了会怎么样？

三、活动延伸

教师引导幼儿将成长图片按顺序进行排序，边排序边讲述。

体验活动：我们的毕业典礼

【建议年龄段】大班

【活动准备】

1. 设计好的毕业海报、节目单和邀请函。
2. 毕业服装、道具、音乐、摄影等。
3. 场地布置。

【活动过程】

一、活动导入

1. 观看"成长足迹"照片和视频。
2. 主持人宣布毕业典礼开始。

主持人：亲爱的老师、爸爸妈妈、小朋友们，大家好！此时此刻，我们的心情非常激动，因为今天我们就要毕业了，这是人生中的第一个毕业典礼，让我们珍惜这个特殊的日子，把美好的记忆永远留在心中！

二、活动开展

1. 教师、家长代表发言。
2. 根据节目单安排，有序进行表演。（见图3-4）

三、活动延伸

1. 颁发毕业证书。
2. 幼儿与教师、好朋友合影留念。

图3-3

图3-4

【区域活动创设参考】

表 3-1 区域活动

主题内容		特别的我		
区域名称	内容	材料投放	操作建议	指导建议
美工区	画画我自己	小镜子若干、勾线笔、铅画纸、剪刀	发现自己五官和脸型的主要特征，并用线条来勾画	在绘画过程中，引导幼儿用更多线条来丰富画面
	手形变变变	彩笔、勾线笔、水粉颜料、卡纸	认识自己的手形，知道每个人的手形不一样，对着手形来缠绕画，也可手形拓印，并在手形画基础上进行添画创意	可以两两合作，将自己的创意变化与同伴交流
阅读区	奇特的脸	旧纸袋、无纺布袋、彩色纸、无纺布、橡皮泥	用撕贴、绘画、橡皮泥制作等形式表现脸部特征	能利用各种材料制作不同表情的脸
	与众不同的迪夫伦	故事背景图，自制斑马指偶	幼儿拿着指偶学说故事对话	引导幼儿能与同伴合作进行分角色有表情的对话表演
	我的成长故事书	纸、笔、胶水、订书机、剪刀、成长中的照片	幼儿自制成长故事书，并讲述自己成长中的故事	可以绘画或张贴照片的不同形式，制作成长故事书，能与同伴讲述
益智区	爱好大调查	全班幼儿兴趣爱好的图卡、统计表、笔、积木若干、雪花片若干	能自己设计调查表，主动询问同伴的兴趣爱好	能用简单的图表进行记录，可以进行统计
	我们的身体	人体结构操作板、记录纸、笔	正确地摆放身体部位	根据操作图有顺序地画一画身体部位
	比一比	白纸、笔、幼儿头像照片、身高贴纸	通过观察和比较，进一步感知每个人身体的不同	能两两合作，学会看身高贴纸上的刻度

图 3-5 制作奇特的脸

图 3-6 手形变变变

第三章 善待自己

【家庭亲子活动】

表 3-2 家庭亲子活动

家庭亲子活动				
活动名称	活动准备	活动目标	活动内容	注意事项
制作成长故事书	从小到大的衣物、照片、影像资料等，笔、纸、胶布、订书机	1. 能运用观察、比较等方法，了解自己在身体以及学习和生活能力方面的变化，知道自己长大了 2. 体验长大的快乐，树立自信心和自豪感，愿意学习更多本领 3. 在制作成长故事书的同时增进亲子间的交流和感情，感受在成长过程中父母对自己的关爱和鼓励	1. 对比从小到大穿戴的一些衣物、帽子，让幼儿感受到身体上的变化 2. 与幼儿一起看看成长中的照片或影像资料，边看边聊幼儿成长中的一些趣事，让幼儿感受到在成长过程中学到了很多本领，这些离不开父母的关心和帮助 3. 和幼儿一起讨论成长故事书的内容、制作的材料等 4. 亲子一起制作故事书	1. 在对比衣物大小、观看照片或影像资料时，家长要选取一些成长中的变化并能树立幼儿自信心的案例，如从和爸爸妈妈一起睡到能独立睡觉等 2. 成长故事书的制作应该以幼儿为主，小年龄段的可以张贴照片形式，大年龄段的可以绘画、照片等形式相结合，家长记录幼儿成长中的感想语言 3. 制作完成的成长故事书鼓励孩子讲一讲

快 乐 的 我

活动适宜季节：秋季
主题目标领域：社会　　　　　　　　　　　　　　　　　　辅助领域目标：语言

【建议目标】

小班
1. 为自己的良好行为或活动成果感到高兴。
2. 喜欢笑，乐意和同伴玩在一起。

中班
1. 用较完整的语言讲述自己的想法，敢于表达自己的心情。

2. 学习控制自己的情绪,懂得心情愉悦对身体的重要性。

大班

1. 积极参与活动,能自信地介绍自己,体验小鬼当家的快乐。
2. 主动尝试用多种方法让自己和同伴都快乐起来,学会正确地表达情绪。

【主题框架】

主题"快乐的我"主要从"小鬼不生气""小鬼当家"两个方面展开,这一主题活动参考框架如下(见图3-7)。

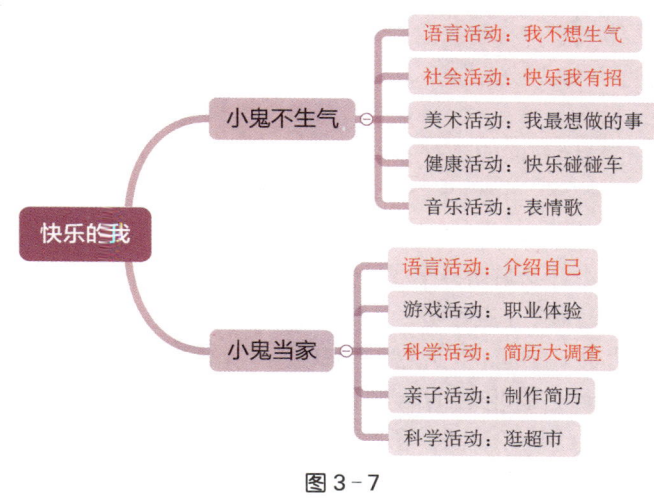

图 3-7

【活动案例】

语言活动: 我不想生气

【建议年龄段】中班

【活动准备】

故事"我不想生气"PPT,幼儿作品。

【活动过程】

一、活动导入

1. 小朋友,你生过气吗?你们生气的时候会怎样?

2. 今天,我还请来了一位小客人"小雨点",小雨点和大家一样也有生气的时候,看看小雨点生气的时候会怎么样?(欣赏PPT,倾听第一段故事)

3. 小雨点生气的时候她是怎么做的?

4. 结合PPT进行小结:(1)肚子里有火球;(2)跑步;(3)跺脚。

5. 请幼儿交流自己生气时的状态。(采用自我介绍、结合同伴提问的方式)

6. 结合PPT小结:生气的时候,我们心情不好,心里难过,还会做一些激烈的动作。例如:(1)肚子里有火球;(2)跑步;(3)跺脚;(4)狂吃东西;(5)摔东西;(6)蒙头睡觉……

二、活动开展

1. 我们来看一下"小雨点"为什么会生气?(欣赏PPT,倾听第二段故事)

2. 小雨点为什么生气?

3. 结合PPT进行小结:"被人取笑、别人弄坏自己的东西、别人冤枉自己"的时候我们会生气。

4. 人人都有生气的时候,你们为什么会生气呢?

5. 很多不好的事情都能让我们生气,可是我们能一直生气下去吗?那么我们怎样让自己的心情好起来呢?

6. 我们看看小雨点有什么好办法让自己快乐起来。(欣赏PPT,倾听第三段故事)

7. 小雨点有什么办法呢?(深呼吸、一个人静静地呆一会、找一个喜欢的人讲讲话)

8. 你们有什么好办法让自己的心情好起来呢?(请幼儿结伴讨论)

9. 小结:每一个人都会有生气的时候,也都有理由生气。但是我们要学会用各种办法在自己生气之后,让自己快乐起来,不把生气和不快乐越积越多,并且不能传染给别人。可以用听音乐、运动、拥抱、在空旷的地方大声呼喊、发泄等方式让自己的心情好起来。

三、活动延伸

师:选一张让你觉得心情好的颜色的纸,然后把你觉得快乐的事情画下来,和你的朋友们一起分享你的快乐。

社会活动: 快乐我有招

【建议年龄段】中、大班

【活动准备】

1. 课前准备:请幼儿每人用绘画的形式将自己不快乐的事情画下来。
2. 物质准备:黑板一块、多媒体课件、录像片段、笑脸娃娃人手一个。
3. 背景音乐:《幸福拍手歌》。

【活动过程】

一、活动导入

1. 进行游戏"大风吹",游戏后提问:被大风吹出去的孩子们,你们快乐吗?他们不快乐了,那我们可以怎么办呢?

2. 重新回归队伍中的孩子们,现在快乐了吗?

3. 小结:原来,当别人不快乐的时候,我们只要做出一点点的改变,就能让大家变得开心、快乐。可是,在我们的生活中,就像这个游戏一样,有时很快乐,有时又不快乐。

二、活动开展

1. 看视频片段。

2. 交流、讨论。

(1) 视频中××小朋友当时的心情是怎样的?(难过、伤心、不开心)

(2) 如果你是××小朋友,怎样让自己变快乐呢?

3. 小结:原来当我们难过的时候,可以用一些妙招让自己变快乐起来。

4. 教师有选择地了解幼儿图画内容。

(1) 这是谁的图画?你怎么不开心了?(同伴误会自己拿玩具)

(2) 我们把××(另外一个)小朋友也请上来。当时你的东西不见了,你的心情是怎么样的?(伤心、难过、生气)

5. 两位小朋友情景再现,并交流、讨论。

(1) 他们是怎么做的?有没有把问题解决好?

(2) 大家有没有什么妙招可以帮助他们呢?(教师根据幼儿的回答,出示相应的课件,如:寻求帮助、解释说明、同伴安慰)

三、活动延伸

小结:原来当我们遇到问题时,只要做出一点点的改变,就可以让自己变快乐,也可以让别人变快乐,让大家一起变快乐。

科学活动: 简历大调查

【建议年龄段】大班

【活动准备】

场地布置:悬挂收集来的各种各样的简历、水彩笔、纸。

【活动过程】

一、活动导入

师：招聘大会马上就要举行了，你们想好要去哪个区域应聘了吗？

师：招聘的时候人多，场面又乱，有什么好办法在你想要应聘的岗位上留下你的信息呢？（简历）

二、活动开展

1. 观察各种各样的简历。

师：你们看过简历吗？知道简历上应该写些什么吗？我们去看一看，把你的发现记录下来。

2. 幼儿自由观察，记录自己的发现。

3. 交流分享。

师：你发现了什么？

4. 小结：原来不管是什么类型的简历，上面都有投简历人的相关信息，比如姓名、联系电话、家庭住址等。还有自己的特长，是为了让对方了解自己。要说明求职愿望，这样对方才能知道你要竞聘的是什么岗位。

5. 了解了简历之后，我们也来设计一份自己的简历吧！

三、活动延伸

制作简历。

语言活动：介绍自己

【建议年龄段】中、大班

【活动准备】

提前准备好自己的简历。故事《动物招聘会》。

【活动过程】

一、活动导入

1. 教师完整讲述故事《动物招聘会》。

师：听完了这个故事，你们觉得小松鼠和猴子会被录取吗？为什么？

2. 小结：原来在应聘的时候说话声音要响亮，而且口齿要清楚，还要大胆自信地介绍清楚自己的本领。

二、活动开展

1. 我们也要进行招聘大会了,简历已经准备好了,你们知道怎么样介绍自己吗?
2. 幼儿讨论。
3. 小结:首先,说的时候声音响亮,眼睛看着对方;其次,要说清楚,不要结结巴巴,吞吞吐吐;最后,要大大方方的,很自信地表现。

三、活动延伸

幼儿根据自己的简历在集体面前介绍自己。

资源链接　　　　　　　　**动物招聘会**

森林里可真热闹啊!动物们在开运动会还是音乐会呢?噢,原来是在召开一场招聘会啊。现场可真够拥挤的,坐在主席台的是这次招聘会的招聘员:狮子和老虎。

第一个出场的是小松鼠,它自信地说:"大家都叫我大尾巴,我来应聘清洁工岗位。我的尾巴就是最好的扫把,我一定把街道打扫得干干净净。"狮子点点头说:"那你就来试一试吧。"

猴子从大象背后挤上来,神气地说:"我可是个机灵鬼,我来应聘销售经理。我头脑灵活,能说会道。我的专长还有——广告设计,曾经为桃子设计了一个很不错的广告,结果桃子一周内就销售一空了。"老虎再次看了看它,点头道:"试用一个月,我要看到成绩。"

黄莺、兔子、狗熊……先前只是在一旁看热闹的小动物,看到录取这么简单,都争先恐后地想上前一试。

招聘会结束了,狮子宣布:"虽然你们找到了各自的工作岗位,但如果不好好干,还是会下岗的。一定要好好努力啊!"

图3-8　我不生气

图3-9　大风吹游戏

【区域活动创设参考】

表 3-3 区域活动

主题内容		快乐的我		
区域名称	内容	材料投放	操作建议	指导建议
表演区	拉拉钩	《拉拉钩》音乐 CD	合着音乐能唱	引导幼儿和着节奏进行表演唱
建构区	我的城堡	各种形状的积木、不同高度的柱式材料（如柱式积木、牛奶桶、薯片桶、羽毛球筒等）	能将这些物品进行简单组合拼搭	合理运用小块积木，创造性地搭建圆形屋顶，突出城堡顶部的特点
美工区	快乐的事	各色卡纸、记号笔、勾线笔、颜料	愿意将快乐的事情用绘画的形式表现出来	引导幼儿能添加其他线条、色彩美化图画
	魔奇魔奇树	油画棒、不干胶、材质、水粉颜料等绘画工具	用各种材料来大胆表现故事中的魔奇魔奇树	引导幼儿感知水油分离的特性
	个性工作证	各种颜色的纸、水彩笔、油画棒、贴纸、花边剪等	1. 幼儿先在白色空白纸中进行构思，计划工作证的内容 2. 幼儿选择各种材料进行制作装饰	1. 引导幼儿欣赏生活中的装饰图案，寻找组合规律 2. 提供一些工作证的样品，供幼儿参考
阅读区	快乐的一天	各种小动物指偶	学说短句，快乐表演	引导幼儿用指偶与同伴分角色表演
	他们怎么了	幼儿生活中哭或笑的各种照片	知道哭和笑不同的情绪，喜欢笑	引导幼儿运用完整的句子表述表情
	故事表演《三只羊》	羊、狼等动物的头饰及手偶、故事录音	用不同的语气和表情来表现羊和狼的对话	鼓励幼儿体验不同的角色，大胆表演
益智区	我是小小统计员	条形统计表格 3 张、笔、记录纸	幼儿根据操作纸上的要求，运用统计的方法得出结果，并记录下来	操作纸上的项目也可以根据情况更改，可以以小任务的方式进行
	小银行	各种面值的游戏币、爱心存折、爱心印章、工作证	1. 热情迎接每一位小客人 2. 耐心咨询客人的需求，给与兑换爱心币	引导幼儿认识游戏币的面值，在游戏中借助其他来完成兑换

图3-10 画快乐的事

图3-11 手偶表演《快乐的一天》

【家庭亲子活动】

表3-4 家庭亲子活动

活动名称	活动准备	活动目标	活动过程	注意事项
秋游	1. 活动前谈话：安全教育 2. 各游戏道具、奖品，场地布置 3. 准备好班牌，以便召集本班幼儿集中	1. 增进亲子感情交流，让家长有进一步了解自己孩子的机会，加深家园情、师生情、亲子情 2. 在活动中，让幼儿走进大自然，感受大自然的无穷奥秘，体验活动的乐趣	1. 8:00～8:30 集合出发 2. 8:30～8:40 活动前谈话 3. 8:40～10:00 亲子活动，颁发礼物 4. 10:00～11:00 远足登高活动，感受秋天大自然的美 5. 11:00～11:30 一同野餐 6. 11:30 秋游亲子活动结束	对家长的要求： 1. 严格遵守活动的时间，做到有事向老师请假 2. 积极配合老师做好本次亲子外出秋游活动的指导工作 对幼儿的要求： 1. 在活动中能跟随家长仔细观察、大胆尝试 2. 在爬山过程中不随意离开集体、离开家长

勇敢的我

活动适宜季节：任何季节
主要目标领域：社会领域

辅助目标领域：语言

【建议目标】

小班
1. 能大胆表述对黑夜的感受，通过多渠道感知黑夜的秘密。
2. 喜欢承担一些小任务，体验成功后的喜悦。

中班
1. 讨论害怕黑夜的原因以及不害怕黑夜的方法。
2. 敢于尝试有一定难度的活动和任务，并大胆讲述自己的感受。

大班
1. 能用各种方法克服对黑夜的恐惧，尝试独自入睡。
2. 主动承担任务，遇到困难能够想办法解决而不轻易放弃。

【主题框架】

主题"勇敢的我"主要从"黑夜我不怕"和"挑战我能行"两个方面展开，这一主题活动参考框架如下（见图3-12）。

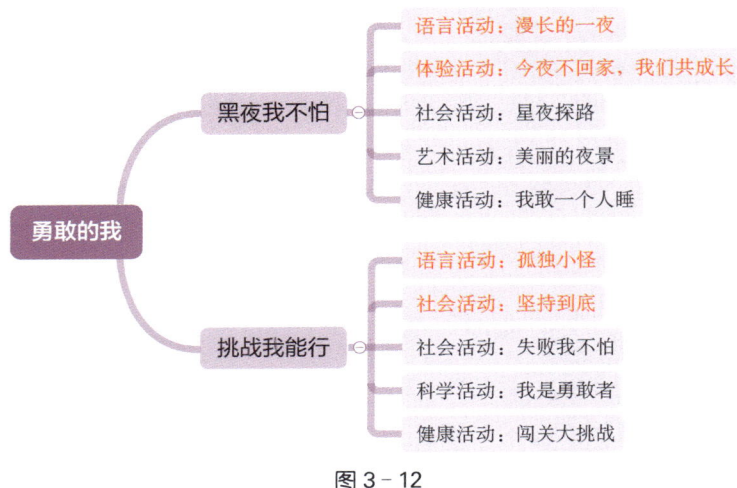

图 3-12

【活动案例】

语言活动：漫长的一夜

【建议年龄段】大班

【活动准备】

1. PPT课件，粉色、绿色大纸。
2. 小白卡片、各种图片、吸铁石、怪兽面具，纸、笔人手一份。

【活动过程】

一、活动导入

1. 出示夜晚图片，引出主题。
2. 这是什么时候？大家在干什么呢？
3. 睡觉是一件舒服的事情，可以让我们得到充分的休息，帮我们更好地学习和活动。可是这么一件美好的事情，对小老鼠来说却是糟糕透了。

二、活动展开

（一）感知理解

1. 出示小老鼠图片，讲述故事《小老鼠的漫长一夜》。
2. 小老鼠为什么睡不着？听到了什么声音？这些声音来自哪里？后来小老鼠为什么又睡着了？
3. 机灵的小老鼠戴上了耳罩，安心地睡了，原来都是小老鼠的心理在作怪，只要关好灯，家里还是很安全的。

（二）操作体验

1. 出示调查表"乐意一个人睡吗"。

师：孩子们，你们睡觉的时候有没有像小老鼠这样的经历？今天老师来做一个调查，请一个人睡的小朋友把心情卡片贴在粉色这边，请不是一个人睡的小朋友把心情卡片贴在绿色这边。

2. 分享交流调查结果。
3. 请个别幼儿分享一个人睡的勇敢经历。

小结：虽然他们经历不同，但是后来都勇敢地一个人睡了。一个人睡很舒服，不仅对我们的身体健康有帮助，而且还是我们长大的标志呢。

三、活动延伸

1. 鼓励幼儿说说自己不愿意一个人睡的原因。
2. 分组讨论，集中交流。

师：你们组解决的是什么问题，你们是怎么解决的？

小结：孩子们，你们现在还害怕吗？看看我们用聪明智慧解决了这么多我们睡觉时害怕的问题。

资源链接　　　　　　　小老鼠的漫长一夜

　　有一只小老鼠，这是它第一次一个人睡。它躺在床上好久都睡不着，突然响起呼呼声，小老鼠好害怕，马上捂着眼睛躲在被窝里。过了一会它悄悄地走到门口一看，咦，什么都没有呀。小老鼠又继续回到床上睡了。可是，过了一会，它又听到一些嘶嘶声，小老鼠紧张极了，它站在床上一动都不敢动，过了一会它往外一看，噢，原来是这样！它回到床上又继续睡了。一会儿，它又听到嘀嗒嘀嗒的声音，小老鼠好害怕，它跑到门口一看，原来什么都没有。小老鼠戴上了耳罩，这下小老鼠听不到外面的风呼啦呼啦地吹，听不到树枝啪啪啪地敲打着窗户，听不到猫头鹰呜呜呜地叫，不知不觉地睡着了。原来都是小老鼠的心理在作怪，只要关好灯，家里还是很安全的。

体验活动：今夜不回家，我们共成长

【建议年龄段】大班

【活动准备】

1. 经验准备：需家长配合调动幼儿参加留宿的积极性，培养拧毛巾、挤牙膏等生活能力。
2. 物质准备：

（1）生活用品：洗漱用品、睡衣。

（2）游戏用品：手电筒、幼儿园图纸、影片、任务、礼品、电子心愿灯等。

（3）园所准备：演出服装、心愿树、心愿纸。

【活动过程】

一、准备工作

1. 生活能力的培养。
2. 幼儿共同制定"夜宿计划书"，提前规划好需要携带的物品。

二、活动安排

1. 18:00~19:00 看电影。
2. 19:00~20:00 文艺晚会。
3. 20:00~20:30 夜探幼儿园,定向寻宝。

幼儿分成若干小组,每组发放一个工具包,根据不同的任务卡在幼儿园里进行定向寻宝。

4. 20:30~20:45 分享成果,说说经历。
5. 20:45~21:00 黑暗游戏,许下心愿。
6. 21:00~21:15 感谢家人。

入睡前幼儿坐在床上,以小视频的方式录下对家人的感谢。

三、感恩之心

1. 在教师的带领下观察"早来的人",通过采访,了解"早来的人"与幼儿之间的关系,体会他人对自己的关心和帮助。
2. 画心愿纸。

幼儿交流讨论"我想感谢谁",清楚完整地表达他为自己做的事,在心愿纸上写下祝福,并以拥抱等方式一一告别。

3. 告别仪式。

告别仪式包括升旗、园长寄语致辞、贴心愿纸等环节。

语言活动: 孤独小怪

【建议年龄段】大班

【活动准备】

1. 录像视频、梳理逻辑图一张、小怪图片一张。
2. 彩纸和画笔人手一份。

【活动过程】

一、活动导入

1. 讨论引出话题。
2. 从前有个小怪,它住在人们的心里。你知道它是谁吗?知道什么是孤独吗?

二、活动展开

(一)感知理解

1. 观看录像找孤独。

师:你找到孤独小怪了吗?从哪里发现的?你看到了什么?

2. 教师根据幼儿回答进行图表的梳理。
3. 说说孤独的感受。

师：你们从录像里找到了孤独小怪，那么在生活中发生过什么事情让你感到孤独呢？心里是怎样的感觉呢？

4. 利用逻辑图梳理孤独的感受。

师：孤独小怪都曾出现在我们的心里。当它出现时我们都会感到悲伤、难过、失望。

（二）操作体验

1. 出示孤独小怪，说说打败孤独的方法。

师：今天班中也来了孤独小怪。看，它全身长满了刺，就是这些刺让我们悲伤、绝望，你们有办法来打败孤独小怪吗？

2. 提出操作要求，幼儿各自绘画打败孤独的好方法。

师：请小朋友将战胜孤独小怪的好办法画在纸上，然后贴在孤独小怪的尖刺上。

3. 分享交流自己的方法。

师：谁来介绍一下你是用什么方法战胜孤独小怪的？

4. 教师示范，大声说出战胜孤独小怪的方法并用力拔去孤独小怪的尖刺。幼儿一同合作拔去孤独小怪的尖刺。

小结：看，小怪身上的刺都没有了，原来孤独并不可怕，只要心中有办法，就能战胜它。

三、活动延伸

1. 教师一边总结幼儿的好办法，一边拉起幼儿的手，大家一同围成圈。

师：今天小朋友们找出了那么多战胜孤独小怪的好办法，请你们闭上眼睛来听一听，都有哪些好办法。

2. 手拉手抱一抱，传递温暖你我他。

师：睁开眼睛抱一抱，抱在一起有什么感觉？让我们手拉手，一同把温暖继续传递下去吧。

社会活动：坚持到底

【建议年龄段】大班

【活动准备】

1. 视频《屎壳郎》和PPT。
2. 积木、硬币、打结的绳子、弹珠、筷子等。

【活动过程】

一、活动导入

1. 带领幼儿尝试学扎马步，初步体验坚持到底的不易。

师：刚才练习马步的时候，是什么感觉？你腿酸的时候在想什么？

小结：看来扎马步是一件很辛苦的事情。背直不起来了，腿也酸了，有些人差点摔倒了。那么生活中你有没有遇到过像这样很难、很累、不愿意做下去的事情呢？

2. 观看视频，说一说坚持的理由。

师：刚才我们已经知道，不怕苦、不怕累、坚持到底就能学会很多本领，那你有没有通过自己的努力，学到了新的本领呢？

小结：我们只有坚持到底，才能学会更多本领。如果遇到了难题你们有信心坚持吗？

3. 带领幼儿第二次扎马步 1 分钟。

二、活动开展

1. 观看屎壳郎的视频，知道坚持需要有方法。

师：刚刚屎壳郎都遇到了哪些困难呢？它遇到困难的时候是怎么对自己说的？又是怎么做的呢？

小结：我们在遇到困难的时候，可以对自己说：我可以！我能行！当坚持不下去的时候，你可以想各种各样的办法。

2. 分组分散挑战，体验坚持到底的不易。

挑战一"站起来"，小朋友需要把 2 个硬币一个一个竖起来放到椅子上。

挑战二"叠叠高"，需要把积木叠起来，叠得和这根绳子一样高。

挑战三"夹弹珠"，使用筷子把 5 颗弹珠夹到小碗里。

挑战四"过障碍"，手拿吸住球的磁棒，从下往上沿着轨道，通往最高处。

3. 说一说自己的挑战感受。

师：刚才你接受了什么挑战？遇到了什么困难？刚刚你放弃了吗？

图 3-13 感恩门卫叔叔

图 3-14 坚持到底

小结：虽然今天也有小朋友没有拿到成功章，但是我觉得拿到成功章并不重要，最重要的是我在你们的身上看到了坚持不懈的精神。我相信有了这份坚持的精神，以后遇到了事情，你们肯定能够坚持到底，也肯定能够胜利。

【区域活动创设参考】

表 3-5　区域活动创设

区域名称	内容	材料投放	操作建议	指导建议
表演区	我行我秀	各种表演道具、"今夜不回家"节目单	1. 根据自己准备的节目主题进行编排、练习	1. 教师把节目单张贴在醒目的位置,在活动中教师给予适当的指导和帮助
	勇敢宝贝秀	音乐、视频、服装、道具	2. 幼儿能根据音乐节奏表演勇敢者动作	2. 熟悉音乐后,引导幼儿创编新的动作
建构区	闪亮小舞台	各种纸砖、泡沫积木、大块塑料积木、纸箱等	小组进行设计后,利用积木搭建舞台的边框和背景	1. 教师提供舞台效果图供幼儿参考 2. 当幼儿遇到困难的时候,可以参与其中给予引导和鼓励
	我敢挑战	木头积木若干筐、PP管、幼儿熟悉的经典建筑物图片	运用垒高、平铺、围拢等技能进行主动搭建经典建筑	引导幼儿挑战其他幼儿的记录,失败后能再次进行
美工区	美丽星空	图片"星空"、黑色卡纸、蜡笔	1. 欣赏图片,感受画面的色彩与线条 2. 自由创作星空 3. 作品展示、交流分享	教师应为幼儿创设丰富的艺术环境供幼儿欣赏
	勇敢勋章	各色卡纸、贴纸、水彩笔、炫彩棒、剪刀、胶水、彩带等	幼儿根据自己的设计选择材料,制作勇敢勋章	欣赏生活中的装饰图案,迁移经验,做成勋章送给挑战成功的伙伴
阅读区	白天和黑夜	1. 自制图书 2. 图片:白天(太阳、小鸟、小花、小树、小朋友活动的照片);黑夜(月亮、星星、小朋友、小花、小鸟、小鱼)	1. 幼儿通过观察比较白天和黑夜的不同 2. 结合图片和自己的想法来制作小书	1. 观察幼儿能否边翻看书边讲述 2. 观察幼儿如何选择卡片贴在相应的情境中区分白天和黑夜
	自制《我真勇敢》小图书	笔、各种纸、订书机、打洞机、绳子等	幼儿用绘画的形式将自己做过的勇敢的事记录下来,并装订成小图书	引导幼儿和同伴一起来讲讲自制图书的内容

(续表)

区域名称	内容	材料投放	操作建议	指导建议
益智区	小黑屋	1. 一个纸箱装饰成的小黑屋，两边侧面开窗 2. 各种玩具和材料的实物和图片 3. 手电筒	1. 幼儿在小黑屋里寻找卡片上的各种物品 2. 幼儿伸手摸摸小黑屋里的玩具，猜猜可能是什么	在选择材料时，尽可能提供多种触感特性的材料
	闯关大冒险	闯关背景图、插片卡、奖励贴纸	观察幼儿能否按照图卡的提示进行闯关游戏	请幼儿自主安排游戏角色
	勇敢棋	自制棋谱、不同颜色的积木（棋子）、勇敢卡、胆小卡	遵守游戏规则，按照图卡的提示前进和后退	熟悉游戏规则后，观察幼儿是否愿意尝试自己设计图卡

图 3-15　益智区：闯关大冒险

图 3-16　建构区：我敢挑战

【家庭亲子活动】

表 3-6　家庭亲子互动

家庭亲子活动				
活动名称	活动准备	活动目标	活动内容	注意事项
挑战小高手	1. 运动会比赛失败视频 2. 挑战卡、挑战笑脸勋章 3. 挑战道具：锁、弹珠和筷子、棋类、拼图等	1. 理解每个人都会遇到失败，应该以正确的心态、方法去对待 2. 能说出自己简单的感受，表达战胜失败后的喜悦	1. 全家围坐在一起观看视频，说说运动员们获奖的感受和失败的心情。让幼儿知道在学习路上并非一帆风顺，战胜了困难和失败才有成功的可能 2. 亲子挑战赛，爸爸妈妈和幼儿一起参加，挑战	1. 活动中要给予幼儿适当的鼓励，必要时候可以鼓励认输，提高幼儿接受挑战的信心 2. 挑战笑脸积分到达一定数量，可以有奖励，如看一场幼儿喜欢的电影、做一件幼儿最想做的事情等

(续表)

家庭亲子活动				
活动名称	活动准备	活动目标	活动内容	注意事项
			夹弹珠、开锁、下棋和拼图,成功的给一个笑脸积分,谁获得的笑脸最多为胜 3. 每一轮都说说自己成功或失败的感受,如果失败了,请说一句鼓励自己的话,如果爸爸妈妈失败了,请给对方说一句加油的话	3. 在挑战中要注意幼儿的心理疏导,在积极的语言和轻松的氛围中激励幼儿

第二节 强健体魄

让幼儿拥有强健的体魄是开展一切活动的基础,在本节中将通过"运动认知""自主运动"和"创意运动"三个主题的活动,让幼儿投身到运动活动中,锻炼自己的身体,强健自己的体魄。

运 动 认 知

活动适宜季节:任何季节
主要目标领域:健康　　　　　　　　　　　　　　　**辅助目标领域:社会、科学**

 【建议目标】

小班
1. 了解简单的运动安全保健常识,知道运动时不穿皮鞋、裙子,有初步的自我保护意识。
2. 喜欢参加体育活动,体验运动游戏的快乐。

中班

1. 知道必要的运动安全保健常识,运动后不立即停止、不马上饮水,有基本的自我保护能力。
2. 积极参加各类运动游戏,初步了解运动对身体的重要性。

大班

1. 掌握必要的安全保健常识,了解运动与健康的关系。
2. 知道一些常见的运动项目和运动员,了解家人喜欢的运动。
3. 主动参加体育活动,能选择恰当的运动方式,养成正确锻炼身体的习惯。

【主题框架】

主题"运动认知"主要从"运动知多少"和"运动好习惯"两个方面展开,这一主题活动参考框架见下图(图3-17)。

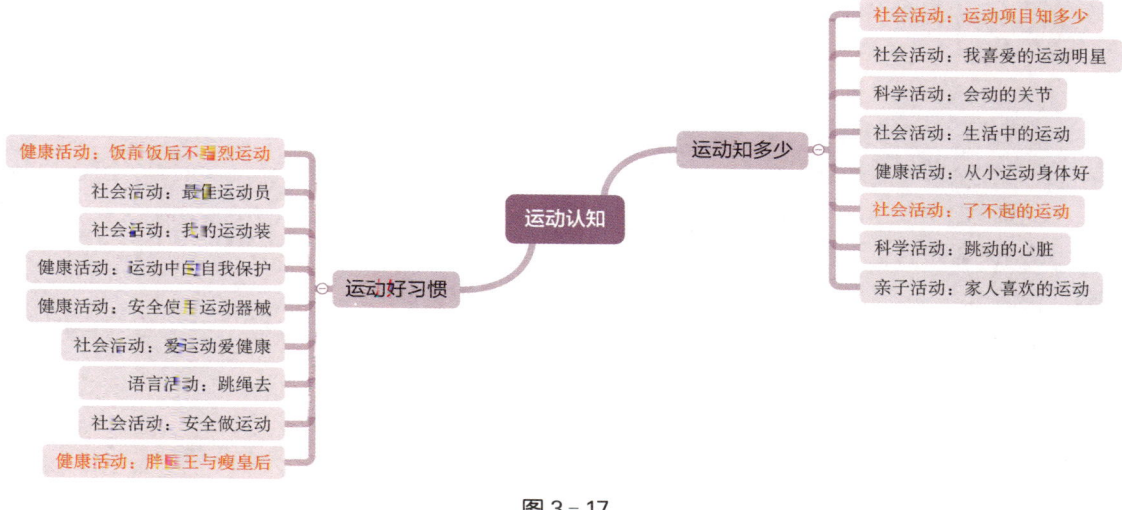

图3-17

【活动案例】

社会活动：运动项目知多少

【建议年龄段】大班

【活动准备】

1. 关于运动的PPT。
2. 运动器械若干(羽毛球、高跷、篮球、绳子、跨栏、毽子)。

【活动过程】

一、活动导入

师：谁来说说看，你平时在幼儿园里最喜欢什么运动项目？你是怎么运动的？

二、活动开展

师：你们知道奥运会吗？奥运会中有很多的运动项目，我们一起来看一看。（出示PPT）

（一）运动项目知多少

1. 乒乓球。

师：你们知道我们国家的国球是什么？（乒乓球）乒乓球是怎么玩的？

小结：发球一定要符合规则，将球往上抛，用球拍把球先打到自己桌上，再越过球网打到对手的桌上，如果球没过网或者打到地上，那就输一分。我们国家的乒乓球可是很厉害的，在2008年奥运会中我国乒乓球比赛就获得了4枚金牌呢。

2. 羽毛球。

师：请你看一看这是什么运动？（羽毛球）羽毛球是怎么玩的呢？（幼儿自由表述）

出示图片（一张单打，一张双打）：我们来看一看这两张图片，是怎么玩的？

小结：原来羽毛球还分双打和单打。

3. 排球。

师：这是什么运动？（排球）看一看，排球和刚才的羽毛球有什么地方是相同的，不同的地方在哪里？

小结：排球是一个团体共同参加的，主要是合作，你们还知道哪些运动也是团队合作的吗？（篮球、花样游泳、足球）

4. 跳水。

师：这个又是什么运动？（跳水）请小朋友们观察一下，他们是怎么跳水的？

小结：跳水运动员起跳后要在空中做一系列优美的动作。

5. 射击。

师：这个又是什么运动项目？（射击）射击要注意什么？

小结：看，这个红点是靶心，射击时射得离靶心越近环数就越高。专心致志才能取得好的成绩。

6. 举重。

师：这个是什么运动项目？（举重）是不是每个运动员都是举的一样重的？

小结：举重是根据运动员的体重进行比赛的，体重越重的运动员举的重量越重。举重非常辛苦，需要足够的毅力才能坚持住。

7. 其他项目。

师：你们还知道哪些运动项目不仅可以锻炼身体，还可以为我们国家争光呢？

（二）讨论科学的运动方法

1. 我们为什么要做运动呢？（幼儿自由讨论）

小结：运动可以使我们心情愉快、身体健康；也可以帮助我们消化；还可以保暖、减肥等。

2. 运动时我们要注意些什么呢？（幼儿分组讨论）

小结：我们要有计划地进行锻炼。锻炼要根据时间、气候等条件来选择合适的运动项目。在运动过程中，要注意安全，学会保护自己。

三、活动延伸

师：今天老师带来了很多运动器械，看看有哪些呀？（一一介绍）现在，请选择一样你最喜欢的器械去玩一玩。

社会活动：了不起的运动

【建议年龄段】大班

【活动准备】

1. 经验准备：引导幼儿注意观察人们生活中常做的运动，调查家人喜欢的运动。
2. 物质准备：课件（全民健身运动视频、律动音乐）、各种运动的图片。

【活动过程】

一、活动导入

师：你们平时喜欢做哪些运动？

二、活动开展

（一）说一说

1. 幼儿人手一张调查表，介绍家人喜欢的运动。
2. 将幼儿调查到的结果进行梳理，并总结运动的好处。

（二）议一议

教师出示运动图片，请幼儿判断运动方式是否正确，并说说自己的理由。

小结：运动方式多种多样，但一定要选择适合自己的运动项目，用正确的运动方式进行运动。

（三）动一动

教师播放全民健身运动的视频，和幼儿一起欣赏，再次调动幼儿参与运动的兴趣，师幼一起跳健美操。

三、活动延伸

师：看来，有益的、合适的运动在我们的生活中真的很重要，人们特别需要用运动来强身健体、舒缓压力，我国从2009年开始将每年的8月8日定为全民健身日，以此来促进大家养成爱运动、做运动的习惯，增强体质。

健康活动：饭前饭后不剧烈运动

【建议年龄段】大班

【活动准备】

1. PPT 图片：小朋友运动、不想吃饭、小朋友吃饭、小朋友追逐跑、手捂着肚子等图片。
2. 纸和笔。

【活动过程】

一、活动导入

（一）出示 PPT，引导幼儿观察画面，了解吃饭前后剧烈运动带来的危害
1. 图上有谁？小朋友在干什么？为什么他们不想吃饭？
2. 图上的小朋友吃饭后，在场地上干什么？为什么他捂着肚子？

（二）教师进行简单小结
1. 剧烈运动需要大量的体力，在吃饭前进行剧烈运动，人会出很多的汗，容易使人疲劳，感觉不舒服，所以人就不想吃饭。
2. 在吃饭后剧烈运动，容易出现肚子疼、阑尾炎等症状。

二、活动开展

（一）组织幼儿开展小组讨论，并用自己的方式记录讨论结果。
1. 饭前我们做哪些活动比较好呢？
2. 饭后我们有哪些事可以做呢？（启发幼儿想象各种较安静的活动）
3. 幼儿分组讨论，教师巡回指导。

（二）分享交流，归纳梳理
1. 饭前：听音乐、看书、听故事。（安静的、运动量小的活动都可以在饭前开展）
2. 饭后：散步、和朋友说话、玩安静的小玩具等。

（三）教师总结

适当地进行小运动量的活动，有利于消化。但不适宜看书等智力活动，因为血液要供应消化。

三、活动延伸

组织幼儿讨论，除了饭前、饭后不能剧烈运动以外，还有什么时候人也不能参加剧烈运动，或是剧烈运动后不能马上做的事情有哪些？

健康活动：胖国王与瘦皇后

【建议年龄段】大班

【活动准备】

1. 图画书《胖国王和瘦皇后》幼儿记录讨论结果用的纸和笔。
2. 幼儿对图画书《胖国王和瘦皇后》的故事内容有一定的了解。

【活动过程】

一、活动导入

阅读图画书《胖国王和瘦皇后》，引导幼儿用自己的动作表达出书的名字。

师：胖国王为什么会变得这么胖？瘦皇后为什么会晕倒？

小结：胖国王不健康的生活、饮食习惯导致他越来越胖，皇后却因担心国王变得越来越瘦。

二、活动开展

1. 分组讨论。

师：国王和皇后的身体不健康，急坏了公主、大臣和厨师，他们都想出了什么办法呢？你还有什么好办法吗？

幼儿自由分组进行讨论，记录结果。

2. 分享交流。

每组请一名幼儿汇报讨论结果，其余幼儿作适当补充。教师根据幼儿结果进行总结。

三、活动延伸

将活动延伸到区域活动中，引导幼儿根据故事内容自制图书《胖国王和瘦皇后》。

【区域活动创设参考】

表 3-7 区域活动

区域名称	内容	材料投放	操作建议	指导建议
语言区	制作图书《胖国王和瘦皇后》	绘本《胖国王》和《瘦皇后》，制作书本用的纸和笔、订书机	请幼儿将两本绘本的故事内容画下来，装订起来编成一个故事	可以请幼儿两两合作，一个画胖国王节食减肥的故事，一个画瘦皇后运动锻炼的故事
	运动知识知多少	运动员和运动项目的图片	将运动员和运动项目进行配对，并说一说这些项目的玩法	提供一些运动比赛和训练时的视频，引导幼儿说说运动员刻苦训练的精神

(续表)

区域名称	内容	材料投放	操作建议	指导建议
	运动绘本	投放绘本《小猪佩奇运动系列》《一起来运动》《运动员》《运动小超人》《运动中的身体》	阅读运动绘本，记录书本里的相关内容	指导幼儿有针对性地做记录，比如值得借鉴的运动方式、自己感兴趣的运动项目、运动对身体的帮助等
表演区	运动时装秀	各类运动服装、帽子、运动器械、动感一点的音乐	幼儿自己选择运动服饰，进行模特展示	提示幼儿可以做与运动相关的动作展示
	童话剧表演《胖国王》	关于剧中人物的报名表、服饰，相关的道具	事先录好台词，幼儿可以根据台词进行表演	引导幼儿结合生活实际创编动作
运动区	舞动的身体	跳舞毯、电视机	幼儿跟着视频里的提示，在跳舞毯上跳舞	提醒幼儿手、眼、脚配合，能迅速分辨前后、左右
	平衡板	成品玩具平衡板或用木板、圆木棍、竹筒自制的平衡板	坐或跪在平衡板上，身体尽量保持平衡，不掉下来。也可双脚踩在平衡板上，身体保持平衡，左右滚动平衡板	有的幼儿可能不敢踩到平衡板上，教师可以先扶一下，待幼儿保持平衡，教师逐渐撤离
	拉力器	儿童用拉力器，也可用奶瓶、短竹棒、松紧带自制	用各种方法拉开拉力器，做扩胸运动，与同伴合作玩拉力器	1. 可引导幼儿创编不同的玩法，如头顶上拉、用脚和手合作拉等，锻炼幼儿身体各部位 2. 两名幼儿合作玩时，要注意他们之间的距离
美工区	运动小人	彩泥、废旧纸盒、一次性筷子、勺子等，木棒、胶条、剪刀、牙签等，木偶小人摆出来的不同运动姿势的图片	选择不同的材料拼贴和组合木偶小人	1. 指导幼儿用牙签、棉签等辅助材料来衔接泥塑木偶的身体各部位 2. 引导幼儿创造更多的动作，也可请幼儿互相示范动作
建构区	体育馆	各种型号的积木、易拉罐、纸盒等，雪花片插塑（滑梯、秋千、路灯等），体育场、运动中心等字卡	可以用各种积木搭建房子，用易拉罐和纸盒围合，堆高、延长、增宽等技能搭建体育馆的围墙，用雪花片建构滑梯、秋千、路灯等	1. 指导幼儿在搭建前有一个初步的搭建方案，并且同伴之间能协商进行简单的分工 2. 合理选择和适当使用辅助材料，搭建完整作品

图 3-18 各种各样的球衣

图 3-19 奥运项目

【家庭亲子活动】

表 3-8 家庭亲子活动

		家庭亲子活动		
	活动准备	活动目标	活动内容	注意事项
运动知多少	1. 2008年北京奥运会运动员比赛过程的视频 2. 和幼儿一起购买合适的运动服和运动鞋 3. 家里可准备自行车、脚踏车、滑板车、双人脚踏车等	1. 了解多种运动项目的名称、种类和形式,丰富关于运动方面的知识经验 2. 知道运动可以使身体健康、心情愉快,乐意主动积极地参加运动 3. 喜欢和家人一起参加锻炼,体验亲子运动的快乐	1. 全家人围坐在一起观看奥运会的开幕式,运动员比赛时的片段,请幼儿说说运动员在比赛的时候是怎么样的,中国运动员为祖国赢得奖牌时的心情是怎么样的,可以说说自己的感受。说说自己认识的一些运动员的名字和运动项目 2. 和幼儿一起购买运动服,为自己和爸爸妈妈选择一套合适的运动服。说说什么运动适合穿什么服装,如游泳要穿泳衣,跑步适合穿跑鞋,打羽毛球需要戴上护腕,击剑需要戴上头盔等 3. 双休日或傍晚,可以带幼儿到附近公园或社区骑车、玩滑板车等,饭后全家人一起散步。建议有条件的家庭,每周带幼儿爬一次山或进行一次徒步活动	1. 和幼儿观看视频时,可以边观看边和幼儿讲解,耐心解答幼儿的疑问。有兴趣的家长还可以和幼儿制作一份"我知道的运动项目和运动员"的简报或思维导图 2. 爸爸最好能参加到锻炼活动中,在活动中鼓励幼儿不怕困难,坚持不懈 3. 爬山或徒步前做好准备,不带贵重的物品,途中可适当补充水分

自 主 运 动

活动适宜季节：任何季节
主要目标领域：健康

辅助目标领域：社会、艺术

【建议目标】

小班
1. 能选择自己喜欢的器械进行运动。
2. 乐意参加运动，喜欢和同伴一起游戏。

中班
1. 能自主制订运动计划，并能按照计划进行练习。
2. 积极参加运动，体验克服困难后成功的喜悦。

大班
1. 通过话题讨论、焦点关注、海报宣传等方式，了解与运动相关的知识经验，培养幼儿自主策划、收集信息、分工合作、解决问题的能力。
2. 有团队意识和不怕困难的挑战精神，体验自主、合作参与运动会的快乐。

【主题框架】

主题"自主运动"主要从"我们的运动会"和"我们在运动"两个方面展开，这一主题活动参考框架如下（见图3－20）。

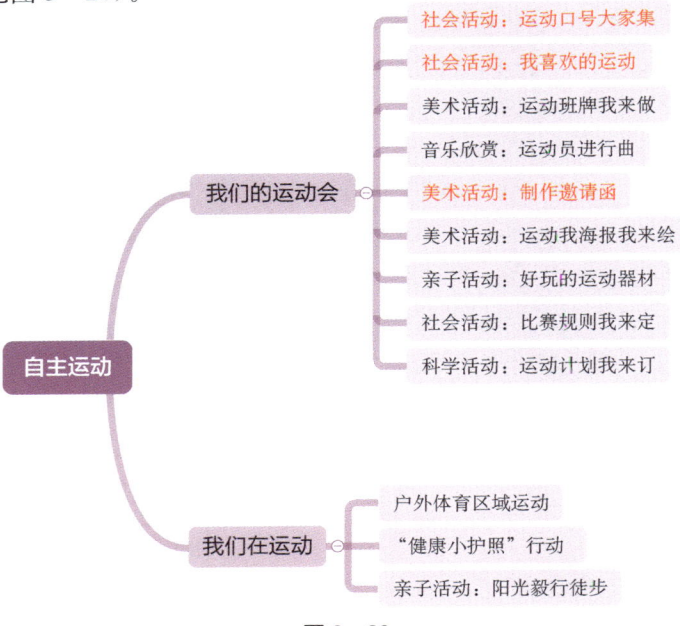

图 3－20

【活动案例】

社会活动：我喜欢的运动

【建议年龄段】 大班

【活动准备】

1. 统计表格。
2. 幼儿投票的纸、笔等。

【活动过程】

一、活动导入

1. 师：小朋友们，你们观看过运动会比赛吗？你看到了什么比赛项目？
2. 幼儿自由发言，教师梳理。

师：运动会上有篮球、游泳、田径、体操等项目。（让幼儿自由讲述，激发谈论的兴趣）

二、活动开展

（一）选定运动项目

师：我们也要开运动会了，你想参加哪些项目？

1. 分组讨论。
2. 归纳梳理。

表3-9　运动项目统计表

序号	项　　目	我想参加	人数统计

3. 教师用简笔画记录幼儿讨论的项目，幼儿将自己的学号贴到相应的表格内，教师再统计人数，根据人数确定四个运动项目。

（二）制定运动规则

1. 根据确定的运动项目，幼儿分成四组。
2. 将运动规则画在纸上。

3. 交流分享，介绍自己组的运动规则。

三、活动延伸

将各组讨论的运动规则张贴于运动区，供其他幼儿参考。

图 3-21　设计运动项目

美术活动： 制作邀请函

【建议年龄段】大班

【活动准备】

1. 卡纸、各种彩纸、粘贴纸。
2. 笔、剪刀、胶水。
3. 邀请函范本。

【活动过程】

一、活动导入

师：我们的运动会马上就要召开了，你想邀请谁来参加？怎么邀请呢？

二、活动开展

1. 邀请函里面有哪些内容？
2. 我们的运动会需要哪些内容？

小结：邀请时间、地点；运动会的口号；具体的流程；注意事项。

3. 幼儿自由选择材料，分组制作。

教师重点指导幼儿用写画的方式，写明运动会的时间、地点和运动会流程。

4. 交流分享。

师：你设计的邀请函是送给谁的？你打算怎么送？应该说些什么？

三、活动延伸

将活动材料投放到美工区供幼儿继续制作，可以邀请园内的老师和小班、中班的弟弟妹妹参加。

社会活动：运动口号大家集

【建议年龄段】 大班

【活动准备】

1. 运动员入场时的录像片段。
2. 各种宣传口号及图片若干。
3. 设计口号的纸笔、投票版面。

【活动过程】

一、活动导入

1. 运动员入场时看上去是怎么样的？
2. 到主席台前，他们一起大声高喊的一句话叫做什么？（口号）
3. 口号念起来是怎么样的？有什么特点？
4. 你还记得去年运动会时，我们班的口号是什么？

二、活动开展

1. 如果让你来设计一句运动会口号，你觉得是什么？
2. 幼儿分组设计口号。（每组一张纸条，将口号用写画的方式画在纸上）
3. 交流分享。
（1）各组派代表将自己设计的口号解释给大家听。
（2）你们觉得这句口号好不好？好在哪里？不好在哪里？可以怎么改正？
4. 投票产生本届运动会口号。
（1）出示投票版面。
（2）将各组的口号张贴在版面上。
（3）幼儿喜欢哪一句口号，将学号写在哪一句口号的下面。
（4）统计结果，票数多者胜出。

三、活动延伸

在语言区中继续设计运动口号，和同伴说一说自己设计的口号，并将自己设计的口号解释给同伴听。

【活动方案】

大班年级组"我的运动我做主"运动会方案。

【活动准备】

1. 人手一张"运动挑战单"。
2. 场地布置。

【活动过程】

一、开幕式表演

1. 篮球队表演。
2. 各班体育器械创意玩展示。

二、幼儿挑战赛（五选三）

(一) 平脚跳绳比赛(必选项目)

1. 活动准备。

幼儿人手一根跳绳,每班邀请5名家长计数。

2. 活动规则。

以班级为单位,共7个班级,每班35名幼儿参加,35人为1轮,东、西操场同时进行。比赛时,每名幼儿站在指定位置,手拿短绳作准备状,听到发令声后再开始原地跳绳,由指定的家长裁判进行计数。比赛时间1分钟,在跳绳过程中不慎中断可以马上继续,直至时间结束,计分员在挑战单相应栏记上个数。80次以上者可获挑战证书。

(二) 自主式比赛(以下项目四选二)

项目一：酷炫篮球

1. 活动准备。

小篮球若干,三角桩12个。

2. 赛道布置。

3个赛道,长20米,三角桩→一把长凳→三角桩→小椅子。

3. 活动规则。

听到发令声后,幼儿从起点出发,运球过20米的赛道,边运球边将三角桩横放在地面上,经过长凳,过凳时将球拍在地面,然后运球到终点,绕过椅子,返回起点。中途哪里掉球,捡起球从哪里开始接着比赛,直到终点。50秒内完成为5分,51～70秒内完成为3分,超出70秒或犯规者为2分。

项目二：跨越极限

1. 活动准备。

12个大轮胎,3个高跨栏。

2. 赛道布置。

3个赛道：2个轮胎→高跨栏→2个轮胎。

3. 活动规则。

共设3个赛道,赛道长度30米。听到口令声后,幼儿开始起跑,跨过2个高度的轮胎,1个高跨栏,再跨过2个高度的轮胎,到达终点。10秒内到达记5分,11～15秒到达记2分,

15秒以上或是将跨栏打翻者记2分。

项目三：铺路搭桥

1. 活动准备。

24个轮胎,6把长竹梯。

2. 赛道布置。

3个赛道：轮胎阵→竹梯（放在两个轮胎上）→轮胎阵。

3. 活动规则。

共设3个赛道,赛道长度30米。听到指令声,幼儿走过轮胎阵（4个轮胎排成一条路）,平衡过竹桥（2个轮胎上面架一把长梯）,再走过轮胎阵,到终点。40秒内完成者记5分,41~60秒完成者记3分,60秒以上记2分。

项目四：勇敢小兵

1. 活动准备。

三角梯、平衡木,十六件组合若干。

2. 场地布置。

3个赛道：半圆形平衡桥→三角梯→钻爬网→平衡木。

3. 活动规则。

共设3个赛道,赛道长度30米。听到发令声后,幼儿过半圆形平衡桥,爬过三角梯,爬过钻爬网,过平衡木到终点。25秒以内完成者记5分,26~40秒完成者记3分,40秒以上完成者记2分。

表3-10 运动挑战单

我的运动我做主挑战单				
班级：		幼儿姓名：		运动员号码：
项目	地点	自主选择(5选3)	完成情况	记分
平脚跳绳				
酷炫篮球				
跨越极限				
铺路搭桥				
勇敢小兵				
总计：				

【区域活动创设参考】

表3-10 区域活动

区域名称	内容	材料投放	操作建议	指导建议
语言区	我的运动小故事	制作书本用的纸张、笔	将自己在运动时的事情画在纸上,可以一个故事一张,也可一件事按照事情发展经过画成几张	鼓励幼儿装订一本小书,提醒幼儿注意排列的顺序

(续表)

区域名称	内容	材料投放	操作建议	指导建议
益智区	测量跑道	设计长短不一的跑道、毛根、火柴棒、尺子等	运用火柴棒、毛根等其他材料进行自然测量	鼓励能力强的幼儿用尺子进行测量,并记录结果
	七巧运动	七巧板、三角形、方形磁力片,运动项目的简笔画,七巧板运动小人示范图	鼓励幼儿利用七巧板拼搭运动人物的动态,鼓励幼儿添画五官和运动器械,丰富画面内容	在描画时,要求幼儿按紧板,板块之间的连接线注意对齐,线条流畅
美工区	制作海报	牛皮纸、各种彩纸、颜料、胶水	张贴运动时的自画像,设计运动会的流程图、时间地点、运动会倡议书、口号、运动项目等	引导幼儿先设计好分块内容,再分工进行制作
	设计邀请函	供幼儿欣赏的创意作品以及简单的操作示意图	能运用印、折、剪、贴等不同形式,用牛皮纸、彩色卡纸、丝带等材料设计、制作邀请函	引导幼儿将运动时间、地点、流程图以绘画的方式画在邀请函内。制作完成后,鼓励幼儿送给想要邀请的人
	设计班牌	麻绳、纽扣、丝带、毛根、珠片、绒球等装饰性辅助材料	能在空白处贴上自画头像,签上自己的名字、学号或印上小手印做装饰	鼓励幼儿想出不同的办法来装饰班牌
	设计奖牌	彩纸、打孔机、勾线笔、彩泥、丝带等	通过画一画、剪一剪、贴一贴等不同形式装饰奖牌,用打孔机打孔并用丝带连接	提供圆形纸片供幼儿模仿裁剪,鼓励幼儿想出不同的装饰方法
运动区	自编健身操	圈、绳、布条、球、彩带	自由选择材料进行一物多玩,自编健身操	鼓励幼儿自由组合、变换队形,在集体面前大胆自信地进行表演
	运动员进行曲	运动员进行曲、小音响、指挥棒	跟着运动员进行曲练习正步走、立定,自然有力地双臂摆动	引导幼儿能够用简单的动作和响亮的声音展示自己的运动口号

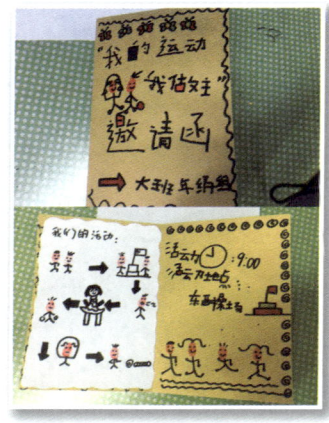

图3-22 邀请函

图3-23 运动会海报

图3-24 班牌设计

【家庭亲子活动】

表3-11 家庭亲子活动

活动名称	活动准备	活动目标	活动内容	注意事项
我的运动计划	了解幼儿打算参加的运动项目	1. 能主动参与相关项目的练习，熟练掌握拍球、跳绳等运动的技能 2. 能自己制定运动计划，并按照自己的计划进行锻炼 3. 不怕困难、坚持努力，养成良好的运动品质	1. 和幼儿一起制定运动计划，督促幼儿有计划地进行锻炼 2. 利用假日时间和幼儿一起参加相关项目的练习并鼓励幼儿用自己喜欢的方式进行记录	1. 把握幼儿的运动量，适度运动 2. 关注幼儿的情绪，当幼儿产生厌倦运动的负面情绪时，通过鼓励、奖赏等方式激励幼儿
阳光徒步活动	1. 自主决定是否参加徒步活动或行程 2. 和幼儿穿统一的服装，自备轻便的运动鞋以及适量茶水、小点心	1. 通过徒步活动，增强幼儿体质，培养幼儿坚毅勇敢的意志，体验挑战成功的喜悦之情，促进身心和谐发展 2. 懂得在互动中合作、谦让、分享，增进亲子情感	1. 每位家长徒步开始前开启"微信运动" 2. 按照小、中、大年龄段，带领幼儿有序出发 3. 在徒步过程中，每到一个"能量加油站"，幼儿出示"徒步挑战卡"在工作人员处盖章，盖章后继续前行，依次到达终点盖满章结束 4. 幼儿可凭"徒步挑战卡"在终点工作人员处获得"阳光毅行"荣誉奖杯 5. 请家长在"微信运动"上捐赠步数，为公益事业尽一份力	1. 在活动中照顾好幼儿，确保活动安全有序。途中尽量不要抱、背幼儿，鼓励幼儿坚持自己走到底 2. 不攀枝折花，不随意丢弃垃圾等，做到文明步行 3. 活动中注意安全，靠右行走，每个路口都要注意来往车辆，如果在途中有身体不适的家长和幼儿，可以随时退出

创意运动

活动适宜季节：任何季节
主要目标领域：健康   辅助目标领域：社会

【建议目标】

小班
1. 在教师的指导下，能用绳子、布垫、球玩出多种玩法。
2. 喜欢和教师、同伴一起玩，乐意模仿同伴的玩法。

中班
1. 能用软棒、椅子、圈玩出单种器械的多种组合玩法。
2. 愿意尝试有挑战性的玩法，体验成功的喜悦。

大班
1. 和同伴共同探索椅子、轮胎、梯子等多种器械的多种玩法。
2. 体验团队合作的快乐，有初步的竞争意识。

【主题框架】

主题"创意运动"主要从"百变轮胎""布同凡响""疯狂椅子""魔力软棒""趣味绳圈""极速爬梯"和"玩转全球"七个方面展开，这一主题活动参考框架如下（见图3-25）。

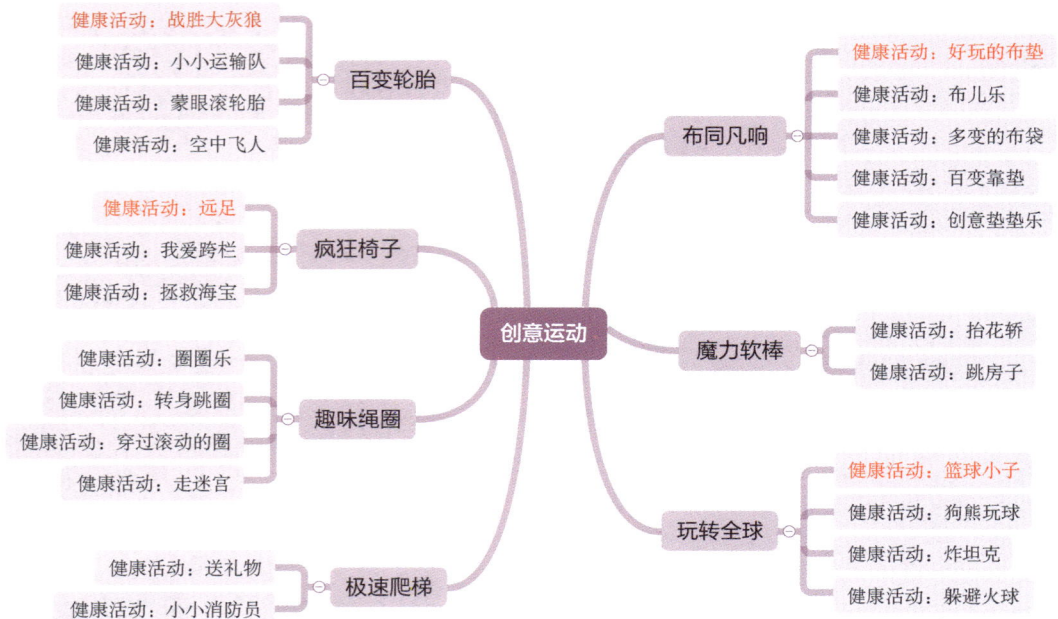

图3-25

【活动案例】

健康活动：好玩的布垫

【建议年龄段】小班

【活动准备】

1. 布垫若干、黄色长线二根、小鸭头饰一份、小鸭家。
2. 音乐《高人矮人律动》《去郊游》及放松的音乐。
3. 擦汗毛巾等。

【活动过程】

一、活动导入

用布垫带领幼儿做热身运动。小鸭邀请我们去它家做客，你们想去吗？去小鸭家的路很远，我们先锻炼一下身体吧。（热身操配上音乐）

二、活动开展

1. 小鸭家做客——开汽车。

师：这是一个神奇的布垫。变变变，布垫变成小汽车，我们出发咯！（音乐响起，教师带领幼儿绕场地快慢跑）

2. 小鸭家做客——爬山。

师：去小鸭家要经过一座小山。我们把神奇的布垫变变变！变成一座小山。怎么变呢？（幼儿尝试）

师：我们把手里的布垫摆放在长绳上，排成一排（幼儿摆放布垫），排好的孩子赶快到老师身后来吧，现在跟着老师一起爬过去。（教师带领幼儿爬过布垫，并请爬好的幼儿依次在垫子上坐下来）

3. 小鸭家做客——划小船。

师：爬过小山，还要过一条河才可以到小鸭家，在去小鸭家之前我们要先学习划船，先看老师是怎么划船的。

（1）教师讲解并示范

师：我们两手抓住垫子，两达小脚先伸伸直再往回勾，把身体往前推，与布垫一起移动起来。

（2）幼儿尝试练习

师：现在我请一个孩子来试一试。（个别尝试）

师：神奇的布垫变变变！变成小船。现在所有的孩子跟着老师一起来练习一下吧。（集体练习）

(3) 变换速度练习

鼓励幼儿快快划或慢慢地划,通过拍手等方式(快拍、慢拍)让幼儿来分辨划船的速度。

4. 来到小鸭家。

小鸭:欢迎你们来我家。(抱抱)我为你们准备了好玩的鞭炮。我们一起来放鞭炮吧。(教师点上鞭炮"嘭"响的时候,幼儿将布垫向上扔)

师:孩子们放鞭炮时一定要注意安全,不要炸到其他小朋友。来,我们分散一点,一、二、三、嘭……(游戏重复)

三、活动延伸

1. 教师带领幼儿坐在自己的小垫子上跟随音乐进行放松运动,深呼吸、敲敲胳膊、敲敲腿等。
2. 将布垫投放至晨间活动中去,让幼儿继续运用布垫进行游戏。

健康活动: 远足

【建议年龄段】大班

【活动准备】

1. 椅子16把。
2. 音响、音乐。

【活动过程】

一、活动导入

师:今天老师要带大家去远足,让我们先锻炼锻炼,活动一下身体吧。

二、活动开展

1. 引导幼儿排成一路纵队跟着教师有快有慢地穿越森林。(绕椅子跑等)

师:在远足时我们会遇到很多困难,像森林、河流、高山等,你们还敢去么?好,到老师这里排成一路纵队。首先我们要经过一片树林,你们要跟上哦!

2. 过独木桥。

师:孩子们,我们前方的路被河流堵住了,河上有两座窄窄的桥,请你们排成两路纵队。过桥时做到不推不挤,不掉下桥。(从椅子上走)

3. 过断桥。

师:桥被洪水冲断了,请孩子们用自己的方式小心过桥。(从有间距的椅子上走过)

4. 跨越低树木。

(1) 请幼儿想想怎么过这些倒在路中间的树而不碰到这些树。(请个别幼儿尝试)

(2) 请幼儿用自己的方式从树上过去，但是不能碰到树。
　　(3) 教师示范助跑跨跳的方式跨越树木。
　　(4) 集体尝试助跑跨跳。
　5. 跨越高树木。
　　师：现在我们来到了丛林的最深处，这里的树又粗又大，一定比我们前几关还要难，要过这些树木必须要比刚才跳得更高，你们有没有信心？
　6. 过小山丘。
　　师：不能用手扶椅子，不推不挤慢慢过。

三、活动延伸

　1. 播放轻音乐，请幼儿坐在椅子上跟着教师做放松运动。
　2. 在区角活动中投放椅子，幼儿继续探索椅子的其他玩法。

健康活动： 战胜大灰狼

【建议年龄段】 大班

【活动准备】

　1. 场地布置。
　2. 小兔子头饰若干；大灰狼头饰一个；背景音乐。
　3. 自行车轮胎若干。

【活动过程】

一、活动导入

　1. 教师带领幼儿自由穿过轮胎布置的场地。
　　师：今天天气真好啊，我们去晒晒太阳，运动运动。
　2. 游戏：躲避大灰狼。
　　师：孩子们，最近森林里经常出现大灰狼，你们要小心。如果大灰狼出现了，你们就赶紧跑回家（轮胎布置的场地）躲起来。
　3. 练习两遍。
　　师：大灰狼不成功，但是每次会悄悄地偷走两幢房子（2个轮胎）。

图3-26　合作运轮胎

二、活动开展

　1. 师：这个轮胎可真好，让我们不被大灰狼抓走，那我们就用它来锻炼身体吧。
　2. 自由探索各种轮胎的玩法。

3. 交流分享,并进行示范。
4. 小结:孩子们都很棒,想出了走、跑、跳的锻炼方法。
5. 游戏:战胜大灰狼。
(1) 第一次尝试。
师:老师也根据你们刚才的想法,设计了4条赛道。你们可以都去试一试。
(2) 第二次尝试。
师:你们都试过了吗,感觉怎么样? 能不能完成?
师:瞧,后面来了那么多大灰狼,你们怕不怕? 老师这里有秘密武器,可以拿着它去把大灰狼打倒。

三、活动延伸

1. 播放轻柔的音乐做放松运动。
师:你们都打倒大灰狼了吗? 真是勇敢的好孩子,克服困难,勇往直前。好累啊,我们休息一下敲敲腿、捏捏腿、抖一抖,放松放松。
2. 在晨间户外活动中继续探索轮胎的新玩法。

健康活动: 篮球小子

【建议年龄段】大班

【活动准备】

1. 人手一只篮球,两个放球的筐。
2. 障碍物、红绿灯标志。
3. 背景音乐。

【活动过程】

一、活动导入

1. 教师带领幼儿(腋下夹球)以一路纵队进入场地(慢跑、绕桩跑)。
2. 变成二路纵队做篮球操(高低拍球、快慢拍球等)。

图 3-27 双手控球

二、活动开展

1. 游戏"红绿灯"。
方法:"绿灯"代表向前运球,"红灯"代表原地运球(进行2次)。
2. 游戏"一心两用"。

方法：第一名幼儿将障碍物放倒,第二名幼儿将障碍物扶起来,以此类推。

要求：在放倒或扶起障碍物的同时,球不能脱手,必须要运着球(进行 2 次)。

3. 运球接力赛。

方法：分成两组迎面接力。一次是运球绕障碍接力,一次是直线双手运球。最先完成的一组获胜(进行 2 次)。

三、活动延伸

1. 放松活动。
2. 在晨间户外活动中,继续探索篮球与其他器械的组合玩法。

【区域活动创设参考】

表 3-12　区域活动

区域名称	内容	材料投放	操作建议	指导建议
益智区	羽毛球夹夹乐	画有圆点或数字的羽毛球、各色夹子	1. 根据羽毛球上圆点颜色进行相应夹子的匹配 2. 圆点颜色一致,根据点数夹上相应数量的夹子	引导大班幼儿利用群数的办法进行数数
	拼一拼	自制运动拼图、托盘	幼儿根据提示拼出完整的图片	根据幼儿能力情况,可抽离完整图片,尝试无示范拼图
美工区	运动小人	长条纸片、圆形纸片;自制运动简笔画图片、轻黏土;毛根、小朋友头像、单面胶、雌雄贴、棉布条	运用多种材料制作动态运动小人	在幼儿学会运用材料制作小人的技能后,教师可添加各种使用运动器械的人物图片,供幼儿模仿
运动区	健身房	用编织网和气球创设成健身房	在地垫上跳一跳、用头顶气球,也可以躺在垫子上,双脚往上蹬	注意幼儿的安全,根据幼儿情况增高或降低编织网
	太空探宝	大小不一的物件(积木、奶罐、娃娃等)和飞碟	在区角内,悬挂高低不一、大小不同的物件,尝试用飞碟等投掷物挥臂投击	根据幼儿活动需要,调整投掷目标的大小和距离
	林间树桩	易拉罐、奶粉罐若干,麻绳	四散放置若干个用易拉罐、奶粉罐等捆绑成的"梅花桩",幼儿在间隔的"梅花桩"上行走	创设游戏情境(如根据颜色、数字行走),增加游戏趣味性和挑战性

图 3-28　球儿进洞　　　　　图 3-29　健身房

【家庭亲子活动】

表 3-13　家庭亲子活动

活动名称	活动准备	活动目标	活动内容	注意事项
麦饼筒	大浴巾	体验连续滚动的乐趣	将大浴巾铺在床上,幼儿平躺在浴巾内,家长推滚浴巾,将幼儿裹在浴巾里。裹好后,家长拉住浴巾的一边缓缓提起,幼儿随着浴巾不断地打开而在床上连续翻滚。此活动还可以站立玩,边转动边将浴巾裹在身上	1. 游戏要安排在空腹或饭后半小时后进行 2. 拉动浴巾的动作要缓慢,注意幼儿的安全
蹬水车	各种直径不同的塑料瓶若干,彩色纸若干,粗绳一根	尝试身体仰卧,用脚蹬踏,增强腿部肌肉力量	1. 家长和幼儿一起把塑料瓶剪成套筒,用彩色纸把套筒两端的毛边包住并进行装饰,再用绳子将套筒串联起来,架在空中 2. 幼儿和家长仰卧在地板上用双脚不断地蹬套筒,使它们转动,好像"水车"一样,最后看谁蹬的速度快且时间长	1. 低年龄段的幼儿可先用手来玩,逐渐过渡到一只脚和两只脚蹬"水车" 2. 可放松绳子使"水车"悬垂下来,幼儿站立用脚向前踢
寻找"源头"	足够长的绳子,如毛线	提高观察力和肢体的协调性	家长将绳子从桌底穿过,从沙发后绕过……力求遍布家中每个角落。然后鼓励幼儿找到绳子的一端,脚踩在绳子上,跟着绳子行进,排除困难走到另一端	1. 利用家中的物品使幼儿饶有趣味地进行游戏,但要确保游戏中的安全 2. 路线熟悉后不妨让幼儿倒退回去

第四章　善待他人

在善待他人这一版块中我们从"感恩长辈"和"友爱同伴"两个方面展开活动。在感恩长辈的方面,从幼儿熟悉的父母、教师、邻居入手了解他们对自己成长的付出和帮助。在友爱同伴方面,从感知朋友的美好,延伸到对同伴的关爱和帮助。(见图4-1)

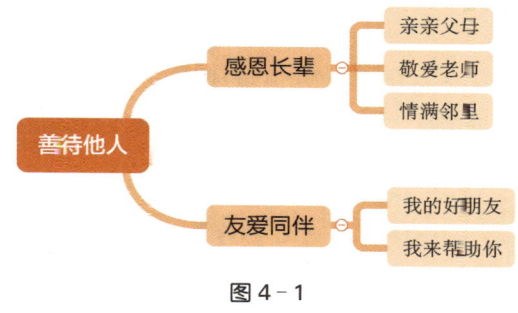

图4-1

在幼儿的成长过程中,有许多的关爱和帮助。在本节中将通过"亲亲父母""敬爱老师""情满邻里"这三个主题活动感知他人对自己的成长的付出,产生对长辈的感激之情。

亲亲父母

活动适宜季节：任何季节
主要目标领域：社会

辅助目标领域：语言

【建议目标】

小班
1. 知道家庭的主要成员，并能在集体面前大胆介绍。
2. 感受家庭成员之间互相关爱的温暖，学用多种形式表达对父母的喜爱。

中班
1. 熟知自己的家庭成员，能在集体面前分享自己和家人的趣事。
2. 懂得要尊敬父母，关心家人，能为家人做一些力所能及的事。

大班
1. 了解家庭成员之间的关系，初步感知遗传现象。
2. 主动参与家务劳动，明确自己是家庭一分子，体验为家庭付出的快乐。

【主题框架】

主题"亲亲父母"主要从"伴我成长""感恩有你"两个方面展开，这一主题活动参考框架如下（见图4-2）。

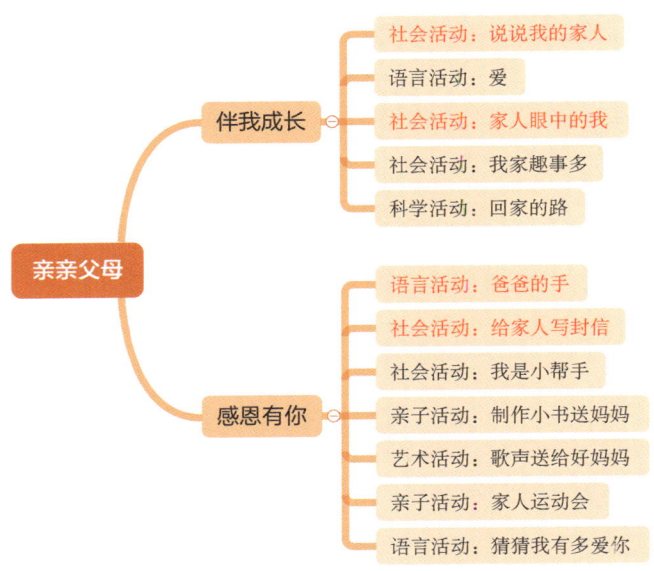

图4-2

【活动案例】

社会活动：说说我的家人

【建议年龄段】中班

【活动准备】

提前了解家人的生日、喜好（爱吃的食物、喜欢穿的衣服样式、颜色、业余爱好等）、职业，全家福照片，调查表。

【活动过程】

一、活动导入

请幼儿介绍自己的家人，说说父母的职业、爱好、喜欢吃的食物、喜欢的运动等。
1. 你的爸爸、妈妈叫什么名字？是什么属相？
2. 你的爸爸、妈妈在哪里工作？
3. 你的爸爸、妈妈最喜欢吃什么？
4. 你的爸爸、妈妈有什么特别之处？

二、活动开展

1. 利用调查表分组展示调查，让每个孩子说说调查结果。
2. 请幼儿说说自己喜欢家里的哪位家庭成员。
3. 幼儿画一张全家福。

三、活动延伸

作品展览讲评。

社会活动：家人眼中的我

【建议年龄段】大班

【活动准备】

1. 幼儿准备一张有爸爸妈妈的照片。
2. 请父母以书信、录音、录像等形式，用温馨的语言表达对幼儿的爱与今后的期望。

【活动过程】

一、活动导入

　　1. 请幼儿观察爸爸妈妈的照片，说说自己的相貌与家人相似的地方（五官、身材、动作等）。
　　2. 讨论为什么会出现这种情况，引导幼儿初步感知遗传现象。

二、活动开展

　　1. 请幼儿倾听爸爸妈妈的寄语。
　　2. 分组讨论：怎样回报爸爸妈妈的爱？鼓励幼儿大胆表述。
　　3. 引导幼儿用绘画的方式进行记录。

三、活动延伸

　　讲评幼儿作品。

语言活动：爸爸的手

【建议年龄段】大班

【活动准备】

　　1. 课前发放"我的爸爸"调查表，请幼儿完成调查表，用绘画的形式表现爸爸的职业、爸爸最喜欢的人、最喜欢做的事、最不喜欢的东西等。
　　2. 录像：班内1名幼儿爸爸工作的场景。
　　3. 配乐诗歌《爸爸的手》。

【活动过程】

一、活动导入

　　1. 你的家里都有哪些人？
　　2. 在家里，你最喜欢谁？为什么呢？

二、活动开展

　　1. 结合调查表，介绍"我的爸爸"。
　　2. 小结：听了你们的介绍，知道你们对爸爸的职业、年龄、喜好都了解得很清楚，可见你们都很爱自己的爸爸。
　　3. 请个别爸爸讲述自己的工作，让幼儿了解爸爸的工作内容及工作的辛苦，进一步激发幼儿爱爸爸的情感。

4. 观看录象：班内1名幼儿爸爸工作的片段。
5. 情感渲染。

今天爸爸就坐在我们的身边，让我们好好看看我们的爸爸。为了我们的幸福，他们在外辛苦工作着，忙碌奔波着，看看爸爸的额头上、眼角处已长出细细的皱纹。再看看爸爸那一双宽大而有力的大手也逐渐地变得粗糙了，甚至长出了一个个小小的茧子。可当你的爸爸在忙碌辛苦的时候，你有没有对你的爸爸说一声"爸爸，您辛苦了！爸爸，我爱您！"现在，让我们大声地对爸爸说出我们的爱吧："爸爸，您辛苦了！爸爸，我爱您！"孩子们，抱抱、亲亲爸爸吧。

三、活动延伸

1. 教师配乐诗朗诵《爸爸的手》。
   问：爸爸用这双大手为小朋友做了哪些事？
2. 情境表演：爸爸带着幼儿听着诗歌进行表演。

资源链接　　　　　　　　**爸爸的手**

我的爸爸有一双大大的手，爸爸的一只大手就能抓着我的两只小手，还能托着我的屁股把我高高地举起，让我在天空中飞翔。

大冷天的时候，我的小手冻得红红的，爸爸的大手抓着我的小手使劲儿地搓呀搓，我的小手更红了，但再也不冷了。

大热天的时候，爸爸的大手为我拍起蚊子来啪啪直响，蚊子在爸爸的手心里粉身碎骨。

当星星爬满天空的时候，爸爸的大手轻轻地为我扇着扇子，让我进入甜甜的梦乡。

我爸爸的手还是一双灵巧的手，会干好多好多的事。我的小手也在慢慢地长大，什么时候我也能够有一双爸爸那样的大手？

社会活动：给家人写封信

【建议年龄段】大班

【活动准备】

1. 幼儿事先了解写信的基本格式。
2. 家长来信（小朋友的爸爸妈妈或爷爷奶奶给幼儿的一封信）。
3. 白纸、画笔。

【活动过程】

一、活动导入

1. 今天老师收到一封信，你猜猜是谁来的信？

2. 教师读其中两封信。

二、活动开展

(一)幼儿一起回忆写信的格式

1. 你想给谁写信?
2. 你想对他说些什么话?
3. 重点指导如何用文字、图画的形式记录自己的想法。

(二)幼儿写信,教师观察指导

(三)幼儿解读信

1. 说说信上的内容。
2. 幼儿互相交换信,读一读信里的内容。

三、活动延伸

将信折叠好装进设计好的信封里。

【区域活动创设参考】

表4-1 区域活动

区域名称	内容	材料投放	操作建议	指导建议
建构区	温馨的家	纸盒、纸箱、纸砖、易拉罐、积木、磁力片、雪花片、乐高等	幼儿可结合设计图纸,充分利用提供的废旧材料,以个人或者小组的形式建构温馨的家,有厨房、卧室、书房、客厅等	引导幼儿利用围合、叠高等技能选择不同颜色的材料,有规律地建构温馨的家
美工区	漂亮妈妈	自制纸板人脸、毛线、麻绳、马克笔、各色彩带、纽扣、珠子、树叶等	首先通过视频上的妈妈、妈妈的照片,为幼儿提供参考,再运用多种材料为妈妈设计发型、制作衣服、配饰等	引导幼儿大胆创作,在妈妈的表情、装扮上凸显自己妈妈的特征,DIY出最美丽的妈妈
	我们一家子	全家福、纸盘若干、马克笔、水粉颜料等、各色超轻黏土、棒冰棒、胶棒等	幼儿可用黏土捏出爸爸妈妈和自己的人像,贴在纸盘上,并装饰纸盘,用棒冰棒固定在纸盘背面作为支架,制成一个全家福相框	引导幼儿在观察照片的基础上,用黏土表现人物的表情、形态等,打造温馨一家人

(续表)

区域名称	内容	材料投放	操作建议	指导建议
	我的大家庭	各种大小不一的石头、树枝、马克笔、炫彩棒、鞋盒盖子、胶水、各色水粉颜料、画笔等	幼儿可用大小不一的石头组合成人形,画一画自己眼中的家人们,再拼一拼,用胶水固定在鞋盒盖内	引导幼儿学习运用颜料或各种辅助材料来装饰石头,体验在石头上作画的乐趣
语言区	妈妈,我想对您说……	各色彩纸、勾线笔等	幼儿可在彩纸上用图画和符号表现自己想对妈妈说的一些话,幼儿自由发挥	引导幼儿将彩纸叠放在一起制作成小书,和同伴说一说自己想对妈妈说的话
	说说我的家人	家庭成员的照片、(通过对各个家庭成员的前期调查)自制简易思维导图	幼儿可结合照片和自制思维导图进行"我的家人"介绍	引导幼儿积极利用思维导图,概括出家人的基本情况,并在集体面前大胆介绍
表演区	手语表演《感恩的心》	视频	幼儿可模仿视频跟着唱一唱、做一做	引导幼儿大胆进行模仿,感知手语操的美感,并在表演中表现出感恩之情
益智区	妈妈的项链	大小、颜色各不相同的圆圈若干,画有三条线白操作板,记录表	幼儿可通过动手操作、比较,发现项链的排列规律并进行排序	1. 引导幼儿可进行自由排列,创造3种不同的排列规律,并进行记录 2. 引导幼儿尝试进行两个维度的排列,并记录在表中
	我是小帮手	各种蔬果食材的图卡和价目表、购物清单(未列表和已列表)	1. 幼儿手持10元的游戏币进行购物,将可能的购买方式记录在购物清单(未列表)中 2. 打乱图卡与价目表进行重新匹配,根据购物清单(已列表)进行总价统计	引导幼儿根据图卡上的价格,灵活运用10以内的运算方法

图4-3 我是小帮手

图4-4 妈妈的项链

图4-5 我们一家子

【家庭亲子活动】

表4-2 家庭亲子活动

家庭亲子活动			
活动准备	活动目标	活动内容	注意事项
1. 父母与幼儿共同制定"我是小帮手"执行计划表 2. 将计划表张贴在冰箱等适合幼儿记录的地方	1. 激发幼儿为父母做一些力所能及的事，体验劳动的快乐 2. 引导幼儿感知自己是家庭成员的一分子	1. 全家人围坐在一起共同探讨孩子可以做哪些力所能及的事情 2. 父母帮助幼儿制定计划表，可以根据星期进行每日计划，例如：周一打扫房间，周二洗碗，周三倒垃圾等 3. 当幼儿完成一周计划表，父母要及时给予肯定和奖励，并及时更换计划表	1. 在制订计划时父母切忌过多地提出自己的希望，而是积极引导幼儿发现自己能做的事 2. 在幼儿遇到困难时，父母要及时地给予引导，帮助其解决困难

敬 爱 老 师

活动事宜季节：秋季
主要目标领域：社会　　　　　　　　　　　　　　　　　　　　　　　　辅助目标领域：语言

【建议目标】

小班：亲近并喜爱老师，愿意和老师在一起游戏、生活。

中班：初步了解老师的日常工作，能用自己的方式表达对老师的感恩之情。
大班：进一步了解老师工作的辛苦，能用多种形式表达感恩之情，学会关心老师。

【主题框架】

主题"敬爱老师"主要从"走近老师""感谢老师"两个方面展开，这一主题活动参考框架如下（见图4-6）。

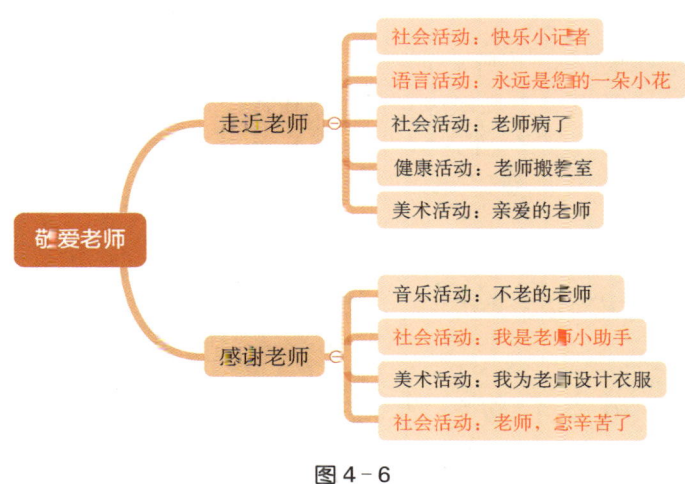

图4-6

【活动案例】

社会活动：快乐小记者

【建议年龄段】大班

【活动准备】

1. 话筒、被采访的老师、记者证。
2. 教室的墙面上布置教师的相片。

【活动过程】

一、活动导入

你们认识这些老师吗？她们为小朋友做了哪些工作呢？你们还想进一步了解她们吗？

二、活动开展

1. 学做小记者采访老师，了解老师们的工作情况。

师：教师节到了，今天，我们把老师们请到了我们班，小朋友来当快乐的小记者采访我们的老师吧。

2. 自主参访老师。
3. 采访完后引导幼儿总结自己的提问和被访者的回答。

三、活动延伸

1. 小朋友通过采访了解了老师们的工作学习和爱好，每一位老师为了我们都在辛苦地工作。我们全体小朋友以后要怎么做呢？（听老师的话，好好学习来报答老师）全体小朋友对老师们说一声："老师您辛苦了，谢谢您！"
2. 小朋友为老师送花并拍照、合影。

四、活动延伸

小朋友在课余时间还可以去采访其他老师。

语言活动：永远是您的一朵小花

【建议年龄段】中、大班

【活动准备】

木偶、小红花、幼儿操作图片、诗歌。

【活动过程】

一、活动导入

1. 在幼儿园里，除了家里的人，你最喜欢谁？（同伴、老师）
2. 观看木偶表演，初步了解诗歌内容。

师：木偶表演里说了什么？

二、活动开展

1. 教师朗读诗歌，并提问：9月10日是什么节？小朋友做了什么？送什么给老师？
2. 诗歌里把种子比喻成什么？老师是怎样对待种子的？
3. 老师的眼睛像什么？老师的歌声像什么？
4. 老师对我们这么好，我们应该怎样做？

三、再次完整欣赏诗歌

1. 这首诗歌可以分几段？你最喜欢哪一段？为什么？
2. 跟着老师一起学习朗读诗歌 2～3 遍。帮助幼儿学习有感情地朗诵诗歌。

四、活动延伸

幼儿手拿自己做的小红花一边朗诵诗歌一边献给老师结束。

资源链接

永远是您的一朵小花

你献上一朵花，
我献上一朵花，
让我们编织个大花环，
献给亲爱的老师妈妈。
是您给了种子太阳般的温暖，
是您用汗水把幼苗浇灌。
您的眼睛像明亮的星星，闪烁着迷人的光华，
您的歌声像春天的小溪，把欢乐带给了大家。
无论我们走到哪儿，永远记住您的话。
无论我们走到哪儿，永远记住您的爱。
无论我们走到哪儿，永远是您的一朵小花！

社会活动：我是老师小助手

【建议年龄段】大班

【活动准备】

幼儿帮助教师的活动照片、PPT 幻灯片。

【活动过程】

一、活动导入

1. 师：小朋友在班里帮助老师做过哪些事情？（打扫教室、整理玩具等）
2. 我们一起来观察照片，看看这些小朋友是怎么做的。

二、活动开展

1. 观看幻灯片唤醒自己的心灵。

师：这些小朋友做了什么？
回放幻灯片，说说自己最喜欢哪张？
2. 游戏"我们这一班"。
（1）把幼儿分组，分别扮演班上的老师和小朋友。
（2）幼儿进入准备好的场景进行角色扮演。

三、活动延伸

两组互相参观交流，说一说自己是怎样做的。

社会活动：老师，您辛苦了

【建议年龄段】大班

【活动准备】

1. 活动前带领幼儿参观幼儿园里各部门老师的工作环境，了解老师们的工作内容，体会老师的辛苦。
2. 彩笔、皱纹纸、彩色纸、剪刀、胶水等。
3. 教师日常工作PPT。

【活动过程】

一、活动导入

1. 你知道教师节是几月几日吗？
2. 请你说一说，教师节我们可以干什么呢？

二、活动开展

1. 观看PPT。
师：图上的老师在干什么？老师是怎样关心我们的？
除了自己的老师，幼儿园里还有哪些老师呢？给我们提供了哪些帮助？
2. 制作礼物。
通过讨论，让幼儿按自己的意愿选取材料，分小组进行制作，作品作为节日的礼物送给老师。

三、活动延伸

1. 送礼物。
鼓励幼儿大胆与老师交往，将自己制作的礼物送给老师，并对老师说一句祝贺的话，表达对老师的尊敬与爱戴。

2. 交流活动感受。

【区域活动创设参考】

表4-3 区域活动

区域名称	内容	材料投放	操作建议	指导建议
美工区	我给老师画人像	老师的照片、毛线、麻绳、马克笔、各色彩带、纽扣、珠子、树叶等	幼儿可根据老师的照片，作为创作参考，大胆给老师创作自画像。如头发的长短，圆脸还是长脸，眼睛是大是小	引导幼儿初步学画简单的五官，并表现出老师的明显特征。运用多种材料为老师设计发型，制作衣服、配饰等
	编制相框	锯齿形状的圆盘、各色毛线、马克笔、水粉颜料等、各色超轻黏土、胶棒等	幼儿可将硬纸板剪成齿轮状，注意齿轮的大小要尽量均匀。把线卡在一个齿轮里，选择适当的间隔，开始缠绕	引导幼儿能按逆时针顺序依次间隔相等的距离进行缠绕，发展手眼协调能力
	花儿送老师	剪好的卫生纸芯、纸管底盘、双面胶、颜料、毛笔	幼儿可利用老师提供的低结构材料，创造性地拼搭各种花朵	引导幼儿了解图示上的标记，鼓励幼儿创造性地拼搭出各种花朵造型的同时，大胆将自己的作品送给老师
语言区	诗歌表演《永远是您的一朵小花》	制作好的小红花、各色彩纸、勾线笔等	幼儿可利用事先美工区制作好的小红花在"小电视机"前一边朗诵诗歌一边给老师献花	引导幼儿看图谱，有表情地分段朗诵诗歌《永远是您的一朵小花》。激发幼儿对老师的热爱之情
	说说我的老师	老师的照片、自制简易思维导图	幼儿可结合照片和自制思维导图介绍"我的老师"	引导幼儿积极利用思维导图，概括出老师的基本情况，并在集体面前大胆介绍
益智区	老师家的门牌号	活动任务牌、活动记录表、教师照片、水果盒里的格子做成的房子	幼儿可自行组织，两人一组，由一名幼儿先任意摆放老师的照片，另一名幼儿说出老师所住的房号，并做记录	引导幼儿理解网格里行、列坐标的意思，能写出坐标值，表征每个目标物体的地址

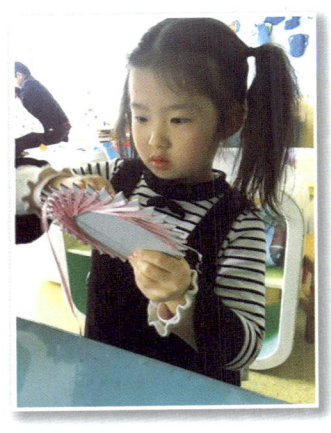
图4-7 编制相框

图4-8 花儿送老师

图4-9 老师家的门牌号

【家庭亲子活动】

表4-4 家庭亲子活动

家庭亲子活动			
活动准备	活动目标	活动内容	注意事项
亲子共同制定教师调查表,收集班级教师相关信息	1. 通过设计调查表,帮助幼儿进一步梳理关于班级教师相关经验 2. 感受老师的辛苦工作,萌发敬爱老师的情感	1. 鼓励幼儿回家讲述自己在幼儿园与老师发生的故事 2. 制作手工贺卡、礼物等物品,或录制"老师,我想对您说"的小视频,表达对老师的感恩之情	在表达感谢恩师的情感中,小班幼儿可以录制简短的视频。中、大班幼儿则鼓励进行教师节的礼物DIY

情满邻里

活动适宜季节:任何季节
主要目标领域:社会　　　　　　　　　　　　　辅助目标领域:语言

【建议目标】

小班
1. 知道自己生活小区的名称,以及自己家在小区中的位置。
2. 喜爱在小区公共场所活动,会使用礼貌用语积极与邻居打招呼。

中班
1. 知道自己生活小区的地理位置,以及自己家的单元号、门牌号。
2. 了解邻居的家庭成员、职业等信息,会主动与邻居交流。

大班
1. 了解小区工作人员的工作性质和内容,体验劳动的艰辛。
2. 能运用多种形式,表达对小区工作人员辛苦劳动的感谢之情。

【主题框架】

主题"情满邻里"主要从"社区知多少""左邻右舍""温馨家园"这三个方面展开,这一主题活动参考框架如下(见图4-10)。

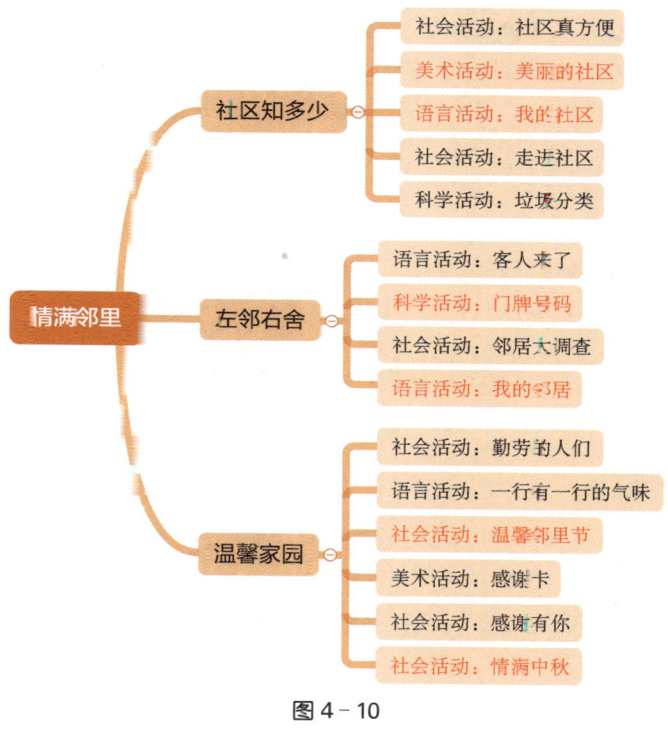

图4-10

【活动案例】

语言活动:我的社区

【建议年龄段】中班

【活动准备】

　　幼儿调查表一人一份。

【活动过程】

一、活动导入

　　教师介绍幼儿园所在社区的名称：每个社区都有名字和地址，还有一些为居民服务的公共设施（如儿童活动场地、宣传栏、阅览室、卫生室等）。

二、活动开展

　　1. 师：你的家住在哪个社区？
　　2. 社区里有些什么？（由幼儿介绍自己所在社区的名字和调查结果）
　　3. 小结：社区是人们居住的地方，是居民经常在一起共同生活、学习，开展文化娱乐活动的场所。社区为居民提供服务和一些公共设施，居民要爱护社区，维护环境整洁，遵守社区居民公约。

三、活动延伸

　　进一步观察、讨论各种社区设施的作用和社区公约的内容。

美术活动：美丽的社区

【建议年龄段】中班

【活动准备】

　　1. 各种正方形、长方形的纸盒，数量是幼儿数量的两倍；八块底板，多种废旧材料如：果冻盒、彩色纸、双面胶、笔、剪刀。
　　2. 收集小区图片。

【活动过程】

一、活动导入

　　欣赏美丽的小区图片。
　　1. 这是什么地方？
　　2. 这里有些什么？

二、活动开展

1. 材料辨识。

师：牙膏盒像什么？什么东西可以用什么代替？

2. 学习制作高楼。

可先将盒的两头拆开，在纸盒上剪出距离相等的"刻度"，再将纸盒恢复成立体形。

将剪过的两个面的纸一格一格地推进去，就成大厦了。

3. 讨论小区。

师：我们的高楼都一样高吗？它们都是怎样排列的？我们住的地方是什么地方？有些什么呢？

请小朋友一起合作比一比，哪组的小区最美丽。

4. 设计小区。

请小组讨论如何制作小区，小区里应该有些什么？

请幼儿先制作高楼大厦，摆放好位置，再添加其他构造，可以自由选择材料进行制作。

三、活动延伸

1. 请每组派一名幼儿介绍自己的小区。
2. 互评，说说哪个小区好看，为什么？

语言活动：我的邻居

【建议年龄段】中班

【活动准备】

小猫、大象、牛、老鼠、小鸟手偶、PPT故事，有与邻居相处的经验。

【活动过程】

一、活动导入

师：今天老师请来了一个小动物，你们看它是谁？

二、活动开展

1. 理解故事《妈妈不在家》。

教师运用手偶及PPT讲故事，幼儿倾听故事。

2. 师：故事的名字叫什么？

故事里面都有谁？讲了一件什么样的事呢？

猫妈妈不在家,都有谁来照顾小猫啊?怎么照顾呢?

3. 再次完整讲述故事。

师:大象妈妈、牛妈妈、袋鼠妈妈和鸟妈妈分别都为小猫做了什么?

猫妈妈不在家的时候,有这么多好心的邻居妈妈们来照顾,你们感觉怎么样?

4. 寻求邻居的帮助。

假如你是故事里的小猫,爸爸、妈妈、爷爷、奶奶都出远门了,只有你一个在家时,你会怎样照顾自己呢?

5. 小结:遇到问题自己主动去爸爸妈妈指定的邻居家寻求帮助。比如故事里的小猫,想洗澡的时候可以去大象妈妈家让她帮自己洗澡;饿了可以自己去牛妈妈家请她喂自己喝香香的牛奶;想睡觉了就去袋鼠妈妈家跟小袋鼠一起睡。

三、活动延伸

1. 请幼儿说说自己和邻居间的有趣故事。
2. 鼓励那些和邻居不熟的幼儿尝试用一些方法去和邻居相处。

资源链接　　　　　　**妈妈不在家**

小猫的妈妈出远门了,领导们来帮忙照顾小猫。小猫身上脏了,大象妈妈帮小猫洗澡,象鼻子像个淋浴头,把小猫洗得干干净净;小猫肚子饿了,牛妈妈喂它喝香香的牛奶,让小猫吃得饱饱的;小猫想睡觉了,袋鼠妈妈把小猫放在自己的袋子里,鸟妈妈飞来唱摇篮曲。太阳下山了,猫妈妈还没回家。小猫想妈妈了,于是,大象妈妈、牛妈妈、袋鼠妈妈还有鸟妈妈围在一起陪小猫等妈妈!

科学活动:门牌号码

【建议年龄段】 中班

【活动准备】

幼儿事先了解自己家的门牌号,图形若干、数字、笔、表格纸(有数字、图形)。

【活动过程】

一、活动导入

1. 师:你们家的门牌号是多少?(601)

谁知道他住在几楼?为什么?(前面数字代表楼层)

2. 你们知道老师家的门牌号码吗?

出示密码牌:老师家的门牌号就藏在这个里面,你们猜猜是什么?(幼儿随意猜猜)

二、活动开展

1. 破译密码。

"其实这是一个密码,今天我们来破译一下。"

教师出示密码符号(不同颜色不同图形对应0—9的数字):你们看到了什么?

现在有谁来破译一下老师家的门牌号码?

为什么是103呢?(说出图形所代表的数字)

2. 设计门牌号。

小动物都要搬新房了,你们来为小动物家设计门牌密码,也可以把自己家的门牌号码变成密码。

交代要求:你可以选择一张表格,可以根据数字来粘贴图形门牌密码,也可以把图形门牌号码破译成数字,还可以用来设计自己家的门牌号码。

3. 交流猜猜门牌号。

请个别幼儿展示自己的门牌号,幼儿相互之间猜猜。

4. 送门牌号码。

出示三幢房子,其中一幢有24层楼高。让幼儿把自己制作设计的门牌号码送到相应的楼层房间。

交代要求:红色门牌号送到红色房子,黄色门牌号送到黄色房子,自己家的送到蓝房子。

三、活动延伸

请幼儿看看自己送对了吗,并进行纠错。

社会活动:温馨邻里节

【建议年龄段】中班

【活动准备】

幼儿事先做好祝福贺卡和自制小礼物,排练表演节目,联系附近社区。

【活动过程】

一、谈话导入

1. 我们每个人都有自己的邻居,虽然我们不是一家人,但是我们像一家人一样相亲相爱、互相帮助。今天我们带上自己制作的贺卡和礼物,走进社区,将自己的感谢之情大胆地说给邻居听。

2. 幼儿携带好贺卡和礼物,排队准备出发。

二、活动开展

1. 幼儿自主结伴,派送贺卡和礼物,说出心中感谢的言语。
2. 在社区活动中心,进行节目表演。
3. 活动结束,排队回园。

三、活动延伸

1. 你送出了什么样的礼物,和他们说了些什么?
2. 你喜欢今天的活动吗?为什么?今天的活动你有什么感觉?

图4-11 给社区阿姨送贺卡

社会活动:情满中秋

【建议年龄段】中班

【活动准备】

幼儿自制月饼、活动场地(幼儿园附近)。

【活动过程】

一、活动导入

1. 前段时间,我们每个人都制作了一份月饼,今天我们将走出幼儿园,把月饼送给你认为最可爱的人,并说出中秋祝福。
2. 幼儿携带月饼走出幼儿园,送给身边的人(环卫工人、交警、保安等)。

二、活动开展

1. 幼儿自主结伴送出爱心月饼,并说出节日祝福和感恩的言语。
2. 教师记录幼儿行为。
3. 活动结束,整理队伍回幼儿园。

三、活动延伸

1. 你将月饼送给谁?为什么?你说了哪些感恩和祝福的话?
2. 我们身边的人,每天都在忙碌,为我们的美好生活而辛苦劳作,在美好的中秋节里,我们给他们送上爱心月饼,表达我们心中的感恩之情。

【区域活动创设参考】

表4-5　区域活动

主题内容			情满邻里	
区域名称	内容	材料投放	操作建议	指导建议
建构区	美丽的社区	纸盒、纸箱、瓦砖、易拉罐、积木等	幼儿可利用教师提供的废旧材料建构美丽的社区,有游泳池、草坪、各种建筑及社区旁边的各类设施等	引导幼儿利用围合、叠高等技能选择不同颜色进行有规律地建构美丽的社区
	我的邻居	磁力片、雪花片、乐高	幼儿利用建构玩具搭建邻居的家,有厨房、卧室、客厅等	
美工区	我们的社区	大图画纸、颜料、水粉笔、参考图片、胶水	张贴社区里的房子、各种运动设施,游泳池、健身器材、健康步道,设计社区的平面图	引导幼儿先设计好分块内容,再分工进行制作。鼓励幼儿将社区房子画得大而有特色
	邻居的家	大小不同颜色各一的彩纸、折纸视频	幼儿通过观察操作提示板上的步骤图折三角,拼插成沙发、桌子、椅子等室内家具	引导幼儿学着用折、剪的方法,折出家里的沙发、桌子、椅子等家具
	中秋月饼	糖果盒、黏土、各种彩色珠子、石头、木片胚、一次性纸杯等	幼儿可通过观察操作提示板上的步骤,能用多种材料装饰月饼	幼儿学习用搓、捏、团的方法,塑造月饼的外形
语言区	故事表演《最漂亮的房子》	黄莺、松鼠、熊、狐子、田鼠等动物手偶、一座自制房子	幼儿可根据故事内容,学习故事中的对话,进行角色扮演	引导幼儿用完整的语句讲述,如"我觉得××的房子应该盖在……",可尝试让幼儿从动物的居住习性来考虑
	我和邻居的小故事	画笔、制作书本用的纸	幼儿可将自己与邻居一起玩时的故事画在纸上,也可以按照事情发展经过画成几张图,装订成一本小书	引导幼儿将装订成的小书,大胆地在集体中分享和讲述
表演区	嫦娥奔月	相应角色的服装、录音机、故事脚本	幼儿可根据自己的喜好,将自己装扮成故事中的角色,分角色进行扮演	引导幼儿学会"嫦娥奔月"故事里的对话,幼儿一边学说对话,一边创编自己喜欢的动作进行表演

(续表)

区域名称	内容	材料投放	操作建议	指导建议
益智区	打包月饼	1. 各种月饼图片，贴上1—5的数字或点数，表示价格 2. 纸盒上贴上6—10的数字或点数，表示打包后的总价	幼儿可选取一个打包盒，根据盒子上的总价选取月饼，月饼单价之和要等于打包盒上的总价	引导幼儿能够按照点数和数字来进行打包月饼。操作熟练后，可比一比谁在规定时间内打包的月饼最多
	小区的门牌号	设计门牌号码材料纸、铅笔等	幼儿可运用生活中的序数经验为动物楼房设计门牌号码	引导幼儿充分了解门牌号与楼层、房间位置之间的对应关系，学习用数字表示

图4-12 美丽的社区

图4-13 中秋月饼

图4-14 邻居的家

图4-15 邻居的家

【家庭亲子活动】

表4-6　家庭亲子活动

家庭亲子活动			
活动准备	活动目标	活动内容	注意事项
1. 设计填写"我的邻居"调查表 2. 带幼儿走走邻居家中，了解邻居	1. 走近邻居，了解邻居家的相关信息 2. 通过串门，引导幼儿如何礼貌做客 3. 感受邻居给予的生活上的帮助，萌发感激之情	1. 引导幼儿关注自己的生活圈，说说身边人的特征，学说一些感谢用语 2. 在家引导幼儿做力所能及的事情，并引导幼儿养成助人为乐的好习惯 3. 引导幼儿多去邻居家串门，学习基本的做客礼数，帮助幼儿感受邻里之情	在去邻居家做客前，提前教给幼儿一些基本的做客礼貌要求，切勿打扰他人

第二节　友爱同伴

同伴关系是幼儿生活中重要的人际关系，良好的同伴关系有助于幼儿学习和生活，能促进幼儿形成自尊、自信、活泼开朗的性格。我们通过"我的好朋友""我来帮助你"两个主题系列活动，培养幼儿与同伴友好相处的能力与关爱同伴的情感，提高幼儿的社会责任感。

我 的 好 朋 友

活动适宜季节：任何季节

主要目标领域：社会　　　　　　　　　　　　　　　　　　　**辅助目标领域：语言**

【建议目标】

小班

1. 认识班级里的同伴，乐意和朋友们共处。

2. 掌握与朋友交往中的礼貌用语,体验集体生活的快乐。

中班
1. 初步了解朋友的特征和喜好,学会简单评价朋友。
2. 乐意和朋友合作游戏,初步懂得分享和谦让。

大班
1. 能用恰当的方式与好朋友交往,懂得体谅和尊重。
2. 乐意与小、中班的同伴相处,主动予以关心、照顾。

【主题框架】

主题"我的好朋友"主要从"我有许多好朋友""我的朋友我知道""和朋友在一起"这三个方面展开,这一主题活动参考框架如下(见图4-16)。

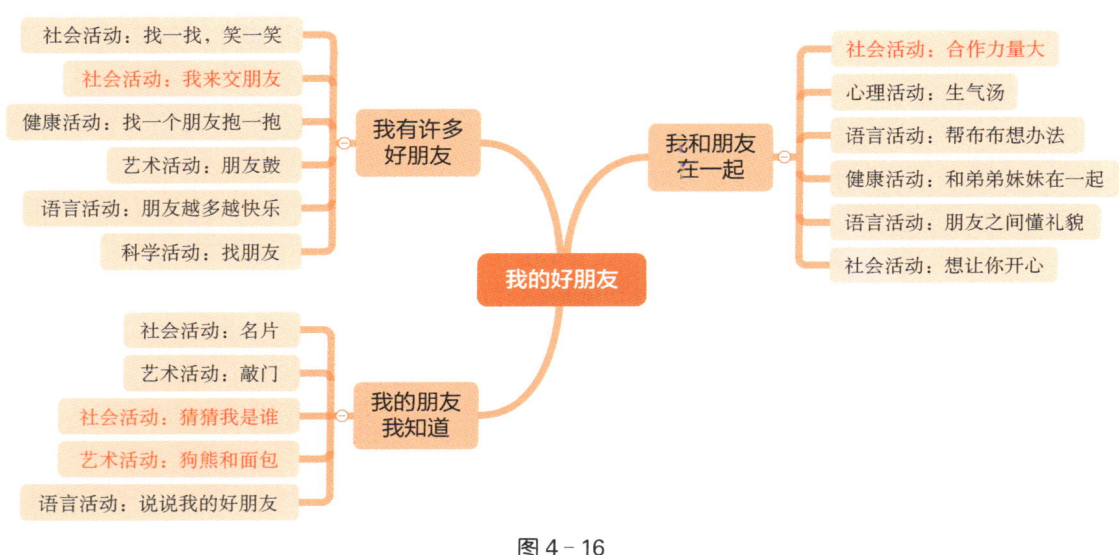

图4-16

【活动案例】

社会活动:我来交朋友

【建议年龄段】中班

【活动准备】

1. 熊、鸡、猫、羊的图片。
2. 纸片、笔人手一份。
3. 名片示范图。

【活动过程】

一、活动导入

提问导入：孩子们，你有好朋友吗？他是谁？好朋友在一起会做些什么？

小结：有朋友真好，可以做那么多有趣的事。

二、活动开展

（一）与小猫交朋友

师：有只小熊它没有朋友，它觉着没意思，于是出发去找朋友了。正走着，它看见一只小猫，它对小猫说："小猫，小猫，你好，我能和你做朋友吗？"可是小猫却没理它。

1. 小猫为什么没有理小熊？谁能告诉小熊应该怎么打招呼。
2. 原来打招呼时要大声。

（二）与小羊交朋友

师：一个朋友有点少，它继续出发去找朋友了，小熊记住了要大声打招呼，于是表情严肃大声地说："小羊，小羊，你好！"可是小羊听了后，却哭着跑走了。

1. 为什么小羊哭着跑了呢？
2. 原来打招呼时不仅要大声还要微笑。

（三）与小鸡交朋友

师：小熊又去找朋友了，它记住了打招呼时要大声、要微笑。于是小熊向小鸡打了招呼。小熊和小鸡在一起开心地游戏，它们还约好第二天去公园玩。可是第二天小熊等了一天也没有等到小鸡。

1. 发生了什么事呢？
2. 小鸡第二天一早醒来记得约了朋友，可是它忘记朋友叫什么、住在哪里。你会介绍自己吗？
3. 除了介绍自己的姓名、住址，还可以介绍什么？
4. 教师演示自我介绍：大家好，我是×老师，我在××幼儿园上班，我住在××小区××号××室，我的爱好是唱歌。
5. 老师介绍了什么？你有什么爱好介绍给朋友？能连起来介绍吗？
6. 教师出示名片：你们看这是名片，是大人介绍自己的一种方式。

图 4-17 介绍名片

（四）操作体验

幼儿制作自己的名片，并一同讨论发名片时应该怎么说、怎么做。（见图 4-17）

三、活动延伸

1. 原来我们可以用语言、名片有礼貌地交朋友，在平时我们还可以和朋友一起分享，帮助朋友，只有这样我们才会有许许多多的朋友。

2. 现在我们与好朋友互相赠送名片吧！记得要用好听的声音说礼貌的话哦！

艺术活动：狗熊和面包

【建议年龄段】小班

【活动准备】

1. 大毯子、面包。
2. 《狼和兔子》音乐选段。

【活动过程】

一、活动导入

实物导入：出示实物面包。
1. 我是一名小厨师，看我给大家带来了什么？
2. 你们喜欢吃面包么？想知道面包是怎么做成的么？

二、活动开展

（一）熟悉 A 段音乐，随音乐做"做面包"的动作

1. 边念儿歌边做动作：首先"捏捏捏面团"，然后"刷刷刷黄油"，接着"撒撒撒果粒"，最后把面包放进烤箱里，一会儿香喷喷的面包就烤好了。
2. 如果让你来捏面团，你想用身体什么地方捏面团？
3. 根据幼儿的回答用不同身体部位捏面团，随音乐完整地做面包 3 到 5 遍。

（二）熟悉 B 段音乐，随音乐做"躲"的动作

1. 附近住着一只大狗熊，可能它正饿着肚子，到处找吃的。我们的面包这么香，会发生什么事呢？
2. 如果狗熊来了，我们应该怎么办？

（三）游戏"狗熊和面包"

1. 完整游戏，音乐 A 段起大家一起做动作，音乐 B 段起幼儿捂眼睛躲起来，教师用毯子将一名幼儿裹住带到身边，情境化地叫幼儿的名字，解救同伴。一轮游戏后变换座位，增加游戏难度，反复游戏。（见图 4-18）
2. 你们有没有发现"小面包"不见了？你是怎么发现的？是哪个"小面包"？
3. "×××"面包快回来，"×××"面包快回来！

图 4-18 狗熊和面包

三、活动延伸

小面包们真厉害，牢牢记住了每一个同伴，保护了他们。

社会活动：猜猜我是谁

【建议年龄段】中班

【活动准备】

1. 经验准备：会用简单的语言介绍自己，说出朋友的特征。
2. 手帕，小鼓 6 个。
3. 贴纸、积分表。
4. 各个班级幼儿的图片。

【活动过程】

一、活动导入

游戏导入："猜猜我是谁"。
1. 听一听，猜猜这是谁？摸一摸，猜猜这是谁？
2. 你们太棒了，一听、一摸就知道他是谁，那今天我们就来比一比。

二、活动开展

（一）了解规则

1. 全班幼儿分为红队、蓝队、黄队。每个队出的题由另外两队来猜，哪个队的幼儿猜出来就在他们队上贴朵小花。
2. 教师在揭示题目时会说预备、开始。谁先敲响所在组的小鼓就由谁来回答。但如果没有敲就说答案或者敲到小鼓回答不出或回答错误,就要拿掉一朵小花。

(二)开始比赛

1. 出示照片:看这一张照片里的小朋友是什么发型?
2. 男孩子还是女孩子?和其他男孩子的发型有什么不同呢?他是谁?
3. 出示照片:这张是背面照,你能看出是男孩子还是女孩子吗?
4. 他(她)是什么发型?
5. 谁会扎这样的辫子呢?他(她)是谁?
6. 教师出示特殊物品类照片,比如眼镜、夹子、绘画作品和习惯类的图片(坐姿端正、打扫等)依次进行提问,引导幼儿猜猜图片中是谁。

(三)总结分享

1. 刚刚我们从哪些特点辨别出好朋友的?为什么能猜出他是谁?
2. 原来你们平时就很关注好朋友,记住了好朋友的声音、习惯、外貌等,赶快和你的好朋友握握手。

三、活动延伸

在生活中我们只有关注我们身边的朋友,才会了解朋友。只要再多一点关心和帮助,我们的朋友就会越来越多的!

社会活动:合作力量大

【建议年龄段】大班

【活动准备】

1. 故事《猴子和鹿》图片。
2. 赛艇、拔河、跷跷板的活动照片。

【活动过程】

一、活动导入

图片导入:图上有什么动物?
小结:猴子和小鹿是好朋友,他们都有自己的本领。

二、活动开展

(一)结合图片分段理解故事

1. 讲述故事段一:它们要比什么?猜一猜谁会获胜?为什么?
2. 讲述故事段二:谁获胜了?爬树摘果子是猴子的强项,所以猴子轻而易举地获得了胜利。

3. 讲述故事段三：这一次它们比的是什么？谁获胜了？比赛跑步梅花鹿获胜了，因为跑步是梅花鹿的强项，所以这次它获胜了。

4. 讲述故事段四：这一次它们又要比赛什么？猜一猜这回谁会获得胜利？

5. 讲述故事段五：猴子过不了河，梅花鹿够不到桃子，它们俩都在干着急，谁能帮它们想个办法？它们可以合作来完成比赛。

6. 讲述故事段六：猴子和小鹿最后成功了吗？它们是怎样合作的？

7. 猴子和小鹿都有自己的本领，它们合作力量就更大。

（二）结合照片感受合作的力量

1. 出示赛艇图片：这是在干什么？我们一起学一学赛艇运动员。

2. 其实每个赛艇运动员的力量都很大，可是赛艇比赛不光需要力气大，更重要的是合作，他们要节奏一致才能取得比赛的胜利。

3. 出示拔河图片：这是在干什么？拔河需要合作吗？怎么合作？

4. 出示玩跷跷板的图片：他们在干什么？玩跷跷板需要合作吗？为什么？

5. 谁来试试把这张桌子搬到对面去？谁愿意一起试一试？（见图4-19）

图4-19 合作搬桌子

6. 一个人搬桌子和几个人一起合作的感觉有什么不一样？

7. 一个人搬不动的大桌子，几个人合作就把它搬起来了，合作的力量真大。

三、活动延伸

孩子们一定要记住，将来我们遇到困难的时候，一定要想到合作的力量是最大的！我们可以找一找生活中还有哪些事是需要合作才能完成的。

资源链接　　　　　　　猴子和鹿

有一天，猴子碰见了梅花鹿。他们俩呀，都说自己的本领大，说着，说着，决定来个比赛。松鼠说："你们谁先摘到果子，就是谁的本领大。"

猴子听了，连忙爬上树去，摘到果子，高兴得乱蹦乱跳。

梅花鹿不服气，说："咱们再来比赛一次。"野马说："你们谁先跑到那边山脚下，就是谁的本领大。"梅花鹿听了，撒开四条腿就跑，一会儿就跑到了。猴子一蹦一跳怎么赶得上啊。梅花鹿高兴地摇头晃脑。

　　这回猴子又不服气了,这时候,老熊来了,想了一想说:"你们还是再比赛一次吧。你们瞧,小河对面有棵桃树,谁先摘到桃子,就是谁的本领大!"

　　梅花鹿一眨眼就跑到小河边,只一跳,就跳过了小河,可是,桃树太高,他伸长脖子还是摘不到桃子。猴子呢,好不容易跑到小河边却跳不过去。

　　梅花鹿赶紧往回跑,驮着猴子跳过小河,来到树下。猴子轻轻一跳,就跳上了树,摘到了桃子。

【区域活动创设参考】

表4-7　区域活动创设参考

区域名称	内容	材料投放	操作建议	指导建议
益智区	相邻朋友排排坐	1—7的数字卡、画有点数的卡片、操作纸	用数字卡和画有点数的卡片按数字的排列顺序补全范例的操作纸	对于能力较弱的幼儿鼓励其参考范例进行排列,逐步将难度提升为无范例填空
	小熊请客	自制画有动物的骰子和画有点数的骰子、动物卡片和相对应的食物道具	投掷两颗骰子,给相应的动物夹取与骰子上点数相同数量的食物	鼓励幼儿一边夹取一边数数,根据幼儿的能力增加骰子的数量或骰子上的点数(见图4-20)
	猜猜我是谁	班里幼儿的背面照、局部照和正脸全身照	1. 将幼儿的背面照和局部照与正脸照相匹配 2. 根据某些特征将幼儿的照片进行分类	指导幼儿用语言描述同伴的特征,引导幼儿尝试不一样的玩法
美工区	朋友树	大树展板、树叶形状的纸、勾线笔、蜡笔	将好朋友的外貌特点画下来,贴在树叶上,合作完成朋友树	引导幼儿尽量仔细地观察或回忆好朋友的外貌特征,尽可能地用自己的方式画下来
	我们的合照	两个小人的轮廓底纸、白纸、勾线笔、彩色蜡笔、卡纸	选择底纸,画一张与好朋友的合照并制作相框,用不同的辅助材料进行装饰	引导幼儿在合照中添加好朋友和自己喜爱的元素,例如喜爱的饰品、喜爱的颜色等
	好朋友手拉手	白色长条纸、轮廓样本、剪刀、勾线笔、蜡笔、底纸	根据制作的步骤图将纸条多次对折,画出一半拉手的小人剪下来,贴到底纸上,进行添画	引导幼儿掌握只画半个小人的方法,提醒幼儿剪哪些地方才能成功让小人手拉手(见图4-21)

(续表)

区域名称	内容	材料投放	操作建议	指导建议
语言区	生气汤	《生气汤》绘本、汤锅和汤勺道具、白纸、笔	根据绘本利用道具进行讲述,尝试将自己续编的内容画下来进行表演	鼓励幼儿想一想不同的缓解负面情绪的办法,或者想一想有哪些正面的情绪,一起煮一锅"开心汤"
	蚂蚁和西瓜	故事《蚂蚁和西瓜》的图片	将图片进行排序并用自己的语言讲述	鼓励幼儿观察图片上的细节,表现出角色的动作和情绪

图4-20 小熊请客

图4-21 好朋友手拉手

【家庭亲子活动】

表4-8 家庭亲子活动

家庭亲子活动				
活动名称	活动准备	活动目标	活动内容	注意事项
家中有客来	1. 纸、彩笔等记录工具 2. 迎接客人需要的水果、零食、玩具等	1. 知道有同伴来家里玩的时候要热情接待 2. 在活动中巩固一些日常的礼貌用语	1. 家长与幼儿一同制作几张幼儿独特的名片,并讨论可以如何向同伴介绍自己 2. 家庭成员在一起,部分家长扮演同伴来家里玩,另外的家长做好表率,与幼儿一同热情接待,进行一些简单的交谈,客人离开要客气送别 3. 总结并用自己的方式记录接待客人时需要注意的问题,以及可以说的礼貌的话	家长要做好榜样,一言一行做到友善有礼,有意识地帮幼儿巩固一些常用的礼貌用语,如"你好""再见""欢迎下次再来"等

(续表)

活动名称	活动准备	活动目标	活动内容	注意事项
我和伙伴在一起	1. 准备一些图书、玩具等模拟幼儿园情境 2. 邀请尽量多的家庭成员参与游戏 3. 相关的绘本	1. 学会有礼貌地提出自己的想法和需求 2. 知道遇到问题不能发脾气，要想办法解决	1. 模拟集体生活，家长进入情境中，扮演同伴的角色与幼儿进行互动，例如幼儿在看书，请家长有礼貌地轻声询问"你好，请问我能和你一起看么？" 2. 模拟集体生活中可能出现的冲突，例如想要玩同一个玩具，请幼儿尝试用合适的办法解决冲突 3. 与幼儿一同阅读一些与同伴相处的绘本、儿歌等	在活动中不仅仅是教幼儿遇到特定情况的解决办法，更要引导幼儿理解遇到问题可以如何控制情绪，积极地思考解决问题的办法

我来帮助你

活动适宜季节：任何季节
主要目标领域：社会　　　　　　　　　　　　　　　**辅助目标领域**：语言

【建议目标】

小班
1. 知道要关心帮助有困难的同伴。
2. 学习简单帮助和安慰同伴的方法。

中班
1. 了解社会上有一些需要帮助的人和事，能力所能及地帮助他们。
2. 体会帮助他人的快乐。

大班
1. 能注意到别人的困难和需要，主动给予帮助。
2. 在活动中掌握一些助人为乐的方法，增强社会交往能力。
3. 感受帮助别人的快乐，产生助人为乐的向善欲望。

【主题框架】

主题"我来帮助你"主要从"遇见星星的孩子""情系海岛""情系小脚丫"三个方面活动展开，这一主题活动参考框架如下（见图4-22）。

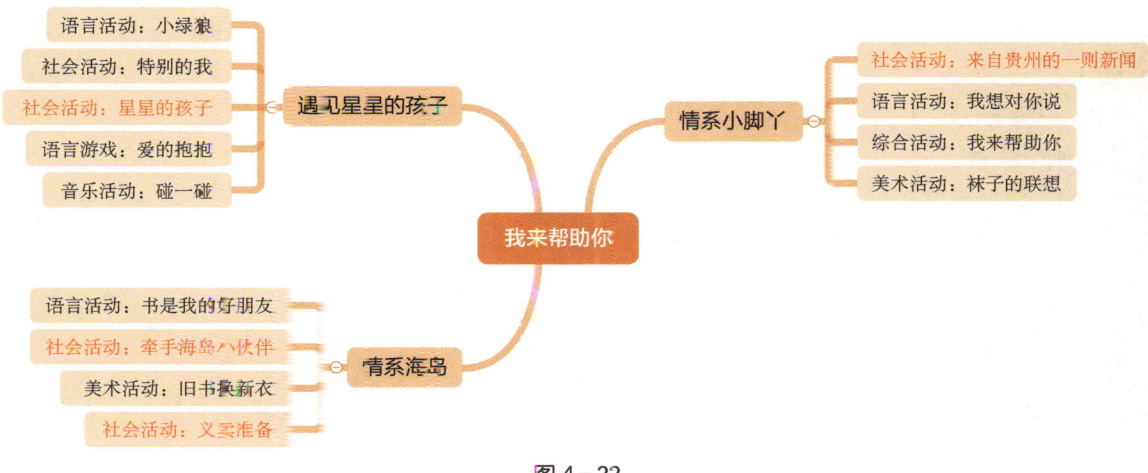

图 4-22

【活动案例】

社会活动：牵手海岛小伙伴

【建议年龄段】大班

【活动准备】

1. 海岛幼儿园小朋友的生活照片和视频。
2. 遇到困难的人和帮助他人的图片。

【活动过程】

一、活动导入

教师出示小朋友遇到困难的图片。
提问：
1. 他们遇到了什么困难？
2. 你遇到这些事会怎么做？
3. 你想帮助谁？有什么好办法？

二、活动开展

（一）出示图片讨论帮助别人的办法

师：
1. 他们是怎么帮助别人的？
2. 他们为什么要帮助别人？

小结：原来我们周围有许多人需要大家的关心和帮助，帮助了别人我们也会变得很快乐。

（二）出示海岛小朋友的生活图片

师：
1. 你发现海岛的小伙伴遇到了什么困难？
2. 你们有什么好办法可以帮助他们？

教师将幼儿发言的内容记录下来。

三、活动延伸

大家想到了很多有用的办法，那让我们一起准备材料帮助海岛的小伙伴吧！

社会活动：义卖准备

【建议年龄段】大班

【活动准备】

1. 常见的义卖活动资料。
2. 标记牌、彩笔若干。
3. 义卖程序图谱。

【活动过程】

一、活动导入

1. 熟悉义卖流程。
2. 出示大家制作的作品，提问：
（1）我们做那么多作品要干什么呀？
（2）什么是义卖？义卖要做些什么呢？
3. 教师将幼儿议论的程序用图谱在黑板上展示（收集—分类—标价—义卖）。
4. 引导幼儿讨论程序的合理性。
（1）将物品分类，并说一说自己是怎么分的。
（2）根据物品的材料、大小进行标价。

二、活动开展

1. 设计海报、宣传单。
师：义卖的时候，怎样让更多的人来买你的商品呢？
2. 播放义卖视频资料。
师：他们用了什么样的方法？你觉得哪个办法最好，为什么？
3. 分工制作宣传单，集体制作海报。

三、活动延伸

在公共场合把自己制作的宣传单派发给市民，并进行简单介绍。

图 4-23　爱心义卖

社会活动：来自贵州的一则新闻

【建议年龄段】大班

【活动准备】

1. 贵州幼儿园小朋友的生活照片和视频。
2. 活动前初步了解贵州贫困地区小朋友的生活。

【活动过程】

一、活动导入

1. 了解有哪些需要帮助的人。
2. 播放贵州孩子冬天没袜子穿的新闻。

师：（1）现在是什么季节？他们的脚上穿着什么？（2）他们会冷吗？从什么地方看出他们的脚很冷？（3）他们为什么不穿袜子呢？

二、活动开展

1. 讨论帮助贵州小朋友的办法。
（1）分组讨论：你想帮助贵州的小朋友吗？你觉得有什么好办法？
（2）分享讨论结果。
2. 小结：帮助贵州小朋友的办法很多，我们要选择最合适的办法。

三、活动延伸

1. 观看图片与视频，了解社会群体对贵州地区的帮助。

2. 小结：原来我们周围有许多人也像我们一样关心和帮助贵州的小朋友，帮助了别人我们也会变得很快乐。

社会活动：星星的孩子

【建议年龄段】大班

【活动准备】

1. 剪辑印度影片《地球上的星星》制作成的视频，卫星班小朋友的生活图片。
2. 制作爱心卡片的材料、记录纸笔若干。

【活动过程】

一、活动导入

1. 欣赏视频《地球上的星星》片段。
2. 教师播放视频请幼儿观看，并提问：
（1）视频里的这些小朋友有什么特别的地方？
（2）你知道他们为什么和我们不一样吗？
（3）你有什么话想对他们说吗？
3. 小结：这些特殊的小朋友就像掉落在地球上的星星一样孤独寂寞，沉浸在自己的世界里，无法像我们平常小朋友一样愉快地游戏。所以人们就称这些特殊的小朋友为"来自星星的孩子"。

二、活动开展

1. 观看卫星班小朋友的生活图片。
2. 在我们的身边也有这样特殊的孩子，他们就是卫星班的小朋友。我们可以怎样去关心、爱护他们？
3. 幼儿分组讨论。

小结：你们这些关心鼓励的话语非常温馨，包含了你们浓浓的关爱之情，一定能让这些特殊的小朋友倍感温暖。

三、活动延伸

1. 分组制作爱心卡、画信。
2. 幼儿根据自己的喜好选择制作爱心卡、画信、制作小礼物的方式表达对卫星班小朋友的关爱和鼓励。

图4-24 制作爱心卡

【区域活动创设参考】

表4-9 区域活动创设参考

名称	内容	材料投放	操作建议	指导建议
美工区	生活用品DIY	1. 纸板、花盆、团扇、草帽、风筝 2. 颜料、画笔 3. 毛根、珠子、包装纸等装饰辅助材料	选择自己喜欢的内容,根据步骤图将材料进行组合,用辅助材料装饰半成品,完成作品	1. 提示幼儿根据步骤图将半成品组合成作品 2. 引导幼儿充分发挥想象,用各种材料对作品进行装饰
	爱心卡	各色卡纸、剪刀、胶水、树叶、花瓣等多元化的材料	幼儿自由剪贴、绘画,制成表达爱心的卡片,画出自己想要表达的祝福语	教师提供幼儿丰富的制作材料,也可以将幼儿制作的卡片分别展示
	装饰袜子娃娃	1. 半成品的袜子娃娃 2. 彩带、无布、珠子等装饰辅助材料	选择自己喜欢的材料对半成品袜子娃娃进行装饰	可以鼓励幼儿利用材料进行多元创作
语言区	我来帮助你	1. 助人为乐品质养成的绘本如《我来帮忙》《助人为乐的猴子阿不谢》等 2. 故事音频	看绘本故事,听故事,与同伴交流自己的想法	引导幼儿知道要关心帮助有困难的同伴,产生帮助别人的向善心愿
	来自星星的孩子	视频《地球上的星星》片段	观看视频,与同伴交流自己的想法	
操作区	图书打包	幼儿捐赠的图书及打包带	根据图书内容、外形进行分类,并用打包带进行分类	指导幼儿根据图书内容进行分类,再根据外形进行二次分类并用打包带打包

图4-25 图书打包

【家庭亲子活动】

表4-10 家庭亲子活动

活动名称	活动目标	活动准备	活动过程	注意事项
爱心义卖	1. 丰富角色体验，积极参与公益活动 2. 养成乐于助人、乐于奉献的品质，体验奉献带来的快乐	1. 各班准备义卖物品，定好价格，并贴好标签，要求价格合理 2. 各班根据需要安排好班级的售货员、推销员、收银员等 3. 宣传海报、展台、募捐箱等 4. 联系场地	一、准备 各班布置好义卖展台，统一时间开始活动 二、义卖 1. 允许前来购买的幼儿进行还价，以公道的价格将物品卖出 2. 活动中尽量做到微笑服务、优质服务，让顾客买得开心 3. 剩余商品降价销售 4. 各班整理场地 三、活动小结 1. 一同结算所捐款额 2. 交流义卖的过程和心情	1. 教师对售卖商品价格作适当指导，方便找零 2. 教师要关注和处理好交易过程中出现的意外问题 3. 在活动中需要保持场地卫生整洁
制作爱心袜子娃娃	1. 通过活动提高动手能力，增进亲子感情 2. 感受帮助他人时内心的喜悦和成就感	1. 联系厂家提供制作袜子娃娃的次品袜子，并同意用袜子娃娃换正品袜子 2. 联系家长参与制作活动	一、幼儿与家长在指定场地就坐 二、教师简单介绍活动目的和流程 三、亲子制作 1. 教师教授制作袜子娃娃的基本方法，同时展示不同类型的袜子娃娃	

(续表)

家庭亲子活动				
活动名称	活动目标	活动准备	活动过程	注意事项
			2. 各家庭自由制作，鼓励家长和幼儿一起设计不一样的袜子娃娃，在制作过程中让幼儿充分动手参与 3. 制作完成后对作品进行展示和定价	
我们一起玩	1. 愿意用多种方式表达对卫星班小朋友的关心和鼓励 2. 通过共同游戏活动，增强对卫星班小朋友关爱的情感	1. 幼儿制作的小礼物、爱心卡 2. 准备游戏材料、绘画、装饰材料	一、教师带领幼儿与家长到卫星班活动室场地就坐 二、教师简单介绍活动目的和流程 三、联谊活动 1. 幼儿自我介绍 2. 个别幼儿才艺展示 3. 联谊游戏"爱的拥抱""投篮"等 4. 卫星班小朋友与幼儿、家长共同作画	

图4-26 亲子制作袜子娃娃

第五章　善待环境

这一章从"珍视人文"和"珍爱自然"入手。在"珍视人文"中让幼儿感知家乡"非遗"文化和传统习俗。在"珍爱自然"中以四季为载体,让进一步感知春、夏、秋、冬的美好。(见图5-1)

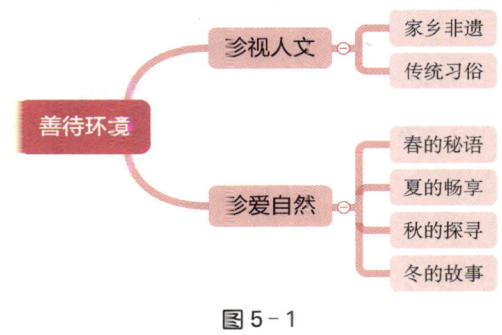

图5-1

中华民族有着五千多年悠久的历史和灿烂的文化,瑰丽的内容犹如一颗颗珍珠散落在中华大地上。近些年,这些文化似乎正在被人们淡忘,此时,珍视人文就显得尤为重要。本节通过"家乡非遗"和"传统习俗"两个主题,让幼儿在动手操作、亲身体验中充分感受中华文化的独特魅力,在幼儿幼小的心灵里播下一颗热爱中华民族的种子。

家乡非遗

活动适宜季节：任何季节
主要目标领域：社会   辅助目标领域：艺术

【建议目标】

小班
1. 了解家乡的鱼拓、鱼灯、竹根雕等非物质文化遗产。
2. 乐于欣赏家乡非物质文化遗产的作品。

中班
1. 感受鱼拓、鱼灯、竹根雕等非物质文化遗产的独特魅力。
2. 认识到保护文化资源的重要性，萌发对家乡的热爱之情。

大班
1. 基本掌握鱼拓、鱼灯、竹根雕等非物质文化技艺的制作方法。
2. 珍视家乡的非遗文化，学会感恩非遗文化的传承人。

【主题框架】

主题"家乡非遗"主要从"相约鱼拓""邂逅鱼灯"和"走进竹根雕"三个方面展开，这一主题活动参考框架如下（见图5－2）。

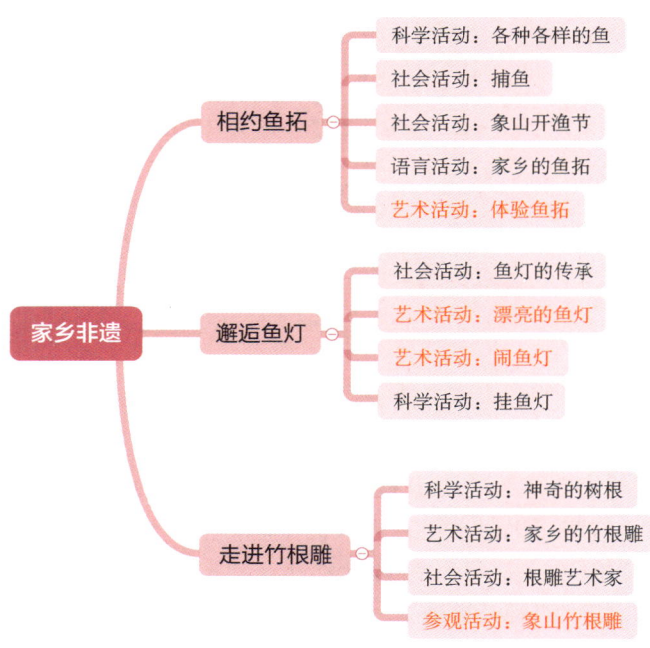

图5－2

【活动案例】

艺术活动：体验鱼拓

【建议年龄段】 大班

【活动准备】

1. 鱼拓视频。
2. 鱼拓所需要的工具。

【活动过程】

一、活动导入

1. 谈话导入：我们做过树叶拓印，除了树叶我们还能用什么来拓印？
2. 引出活动：我们今天就用鱼来试一试，先来看看视频里的鱼拓是怎么制作的。

二、活动开展

1. 学习鱼拓的方法。

（1）首先我们来看看鱼的身体结构，可以简单分为哪些部分？

（2）鱼拓有哪几个步骤呢？

（3）首先，用纸或干净的毛巾吸去鱼表面多余的水分，接着用大头针固定背鳍、腹鳍和尾巴，然后在鱼身上的不同部位分别涂上不同的墨汁或颜料，再用宣纸将颜色翻印下来，最后为小鱼画上眼睛，一幅鱼拓作品就完成啦。

2. 操作要求。

上墨时注意不要太多，印时可以用点力，还要注意上色均匀。

3. 幼儿操作。

6人为一组，组长取材料。操作时要分工明确，保持安静。（活动过程见图5－3、图5－4）

三、活动延伸

1. 幼儿介绍自己的作品。
2. 了解鱼拓历史。

（1）你们知道为什么我们的祖先要制作鱼拓吗？

图5-3 和爷爷一起学做鱼拓　　　　图5-4 尝试鱼拓制作

（2）原来鱼拓是记录和展示不同种类的鱼的身长、形状、颜色等体表特征。这是在没有摄像记录的年代中,最直接准确的记录和辨认鱼类的方式。

参观活动： 象山竹根雕

【建议年龄段】大班

【活动准备】

1. 联系参观场地：竹根雕博物馆。
2. 安排车辆,请部分家长协助活动。
3. 幼儿对竹根艺术已有简单了解。

【活动过程】

一、活动导入

1. 参观根艺美术馆,欣赏根雕作品。
2. 提前互动。
（1）这是什么？
（2）你在观察中发现了什么？
（3）你看到的竹根雕像什么？

二、活动开展

1. 观看根雕师傅现场制作竹根雕。
（1）根雕师傅是怎样制作竹根雕的？
（2）看根雕师傅把竹根变成了什么？（引导幼儿观察主根、根须的制作）
（3）竹根雕制作需经多道工序,竹根要经过干燥、着色、防霉、防蛀处理,充分利用和发挥竹根的天然姿态,经过艺术构思、造型,塑造出一个个形象生动、形态传神的艺术形象。

2. 请工作人员介绍代表性的根雕作品。

小结:竹根雕是象山的特产之一,根雕师傅把一支支毛茸茸的竹根雕刻成千姿百态的艺术品,是优秀传统技艺。象山竹根雕不仅销往全国各地,还销往日本、东南亚和我国香港、澳门等市场,广受人们的喜爱。

三、活动延伸

一起感谢工作人员,为根雕大师和工作人员送上感恩卡。

艺术活动:漂亮的鱼灯

【建议年龄段】中班

【活动准备】

1. 开渔节的鱼灯表录像资料。
2. 利用废旧材料制作的鱼灯。
3. 制作鱼灯的各种材料:包装盒、蜡光纸、油画棒、胶水、剪刀、彩纸、中国结等。

【活动过程】

一、活动导入

1. 师:我们家乡象山有个"开渔节","开渔节"有许多漂亮的"鱼灯"。你知道象山人为什么要在元宵节挂鱼灯吗?
2. 小结:象山人生活在大海边,祖辈们靠出海打鱼为生,在元宵节挂鱼灯就是希望来年渔民们出海能平平安安,多捕鱼儿回家。

二、活动开展

1. 幼儿观看录像资料。
(1) 幼儿观看录像后提问:你看到了什么?有哪些鱼灯?
(2) 幼儿个别交流,教师画相应的鱼灯。
(3) 提问:你还会设计哪些鱼灯?
2. 了解鱼灯制作材料。
(1) 今天我们也来制作坐鱼灯,你们看桌上有什么材料呢?
(2) 它们可以用来做什么?
(3) 你想做一盏什么样的鱼灯?
(4) 需要哪些材料帮助你?

（5）在选材料时要注意些什么？
3. 幼儿自制鱼灯。教师鼓励幼儿用画、剪、贴等方式制作鱼灯。

三、活动延伸

1. 幼儿介绍自己的鱼灯。
2. 说说自己最喜欢的鱼灯。

艺术活动：闹鱼灯

【建议年龄段】大班

【活动准备】

1. 黄梅戏《闹花灯》选段。
2. 花灯两盏。

【活动过程】

一、活动导入

1. 谈话导入。
（1）你们看到过石浦的鱼灯吗？
（2）闹鱼灯时街上有什么？热闹吗？
2. 小结：灯会上有各种花灯、接灯人、看灯人、闹灯人，非常热闹、喜庆。

二、活动开展

1. 欣赏乐曲，熟悉乐曲的旋律。
师：老师今天也带来了一盏漂亮的鱼灯，我来扮演"舞灯人"，你们扮"看灯人"，我们一起来"闹鱼灯"。
2. 游戏"闹鱼灯"。
（1）第一遍游戏，交代游戏的三个规则。
听前奏音乐"看灯人"跟着"舞灯人"跑成圆圈后坐下。当音乐唱到"急忙走，急忙行"时，"舞灯人"用手绢点圈上的"看灯人"，被点到的小朋友跟随在"舞灯人"的后面跑起来。当音乐唱到"东也是灯，西也是灯"时，被点到的小朋友和"舞灯人"一起来闹灯。音乐快节奏结束时，所有小朋友回到圆圈上。
（2）第二遍游戏，交代新的游戏规则。
音乐结束时，你们的动作要和"舞灯人"的动作是相反的。
（3）第三遍游戏。
请一名幼儿扮"舞灯人"，带领幼儿一起闹鱼灯，结束时请舞灯幼儿自己决定做什么动作让其他小朋友跟自己相反。

（4）第四遍游戏，交代游戏新增规则。

幼儿跟教师学习"鱼灯"。

三、活动延伸

教师和幼儿共同总结、分享玩"闹鱼灯"游戏的感受和欢乐。

【区域活动创设参考】

表5-1 区域活动创设参考

区域名称	内容	材料投放	操作建议	指导建议
语言区	海洋绘本馆	1.《海底大探秘》《海洋生物》《揭秘海洋》《神奇的海底世界》《海洋真奇妙》等绘本 2. 相关头饰或胸饰	师幼共读或者幼儿自主阅读绘本	1. 在阅读的过程中，教师引导幼儿细致地观察画面，理解图意。鼓励幼儿与同伴交流阅读感受 2. 在幼儿熟悉绘本的基础上，可以鼓励和启发幼儿创造性地表演绘本故事
	手偶表演	1. 小剧场、各类手偶 2. 绘本《海的女儿》《鱼拓》《鱼灯》的故事	1. 阅读故事内容 2. 幼儿拿手偶、自主分角色表演	1. 根据幼儿的需要，协助提供适宜的道具材料 2. 引导幼儿学会分角色表演故事
益智区	挂鱼灯	1. 提供多种形状的鱼灯卡片（可以是幼儿自制的） 2. 彩绳、夹子	1. 幼儿可以根据教师提供的规律，将彩灯卡片夹在彩绳上 2. 幼儿可以两两结伴，一人创编规律，另一人接着排序。互换角色，反复游戏	教师可以根据幼儿的能力，循序渐进地丰富鱼灯的形状，逐步加深排序的难度
	贝壳排序	1. 排序模式纸条 2. 多种形状的贝壳 3. 记录表	1. 根据提供的排序模式纸条，将贝壳进行排序 2. 自己摆放贝壳，创建排序模式，并在记录表上记录模式	鼓励幼儿进行自我创编模式

(续表)

区域名称	内容	材料投放	操作建议	指导建议
美工区	鱼拓	1. 鱼、颜料、大头钉、泡沫板、餐巾纸 2. 宣纸、画笔	1. 用纸或干净的毛巾吸去鱼表面多余的水分 2. 用大头针固定背鳍、腹鳍和尾巴 3. 在鱼身上的不同部位分别涂上不同的墨汁或颜料 4. 用宣纸将颜色翻印下来,并为小鱼画上眼睛	鼓励幼儿观察鱼不同部位的不同颜色,并在上色的过程中表现出来
	贝壳拓	1. 不同形状的贝壳 2. 各色颜料、画笔、宣纸等	1. 选择自己喜欢的贝壳,涂上自己喜欢的颜色,再用宣纸拓印 2. 用多个贝壳组合拓印,组合成一幅图画	1. 拓印出贝壳的纹路是难点,教师应提醒幼儿多观察贝壳的纹路 2. 后期可以给幼儿提供硬币、树叶等多种材料,供幼儿拓印
	海洋画（见图5-5、图5-6）	纸箱、贝壳、石头、黏土、各色彩纸、彩笔、胶水、剪刀等	1. 幼儿在纸箱上自由创作各式海洋图案,可以用绘画、剪贴、黏土等方法进行装饰 2. 将纸箱作品悬挂或摆放,进行班级环境的装饰	1. 可以鼓励幼儿利用包装盒、卫生纸筒芯等废旧物品进行多元创作 2. 鼓励幼儿将贝壳、石头等自然物运用到创作中
建构区	鱼灯	1. 幼儿参观过灯展,知道一些鱼灯的名称（金鱼灯、鲤鱼灯、扁鱼灯等等） 2. 各色雪花片、雪花片成品鱼灯、半成品（圆形、球体、椭球体等） 3. 音乐《闹花灯》、鱼灯图片	1. 感知鱼灯的形体特征,完成鱼灯设计图 2. 大胆按意愿建构自己喜欢的动物灯	1. 引导幼儿有规律地搭配颜色,感受鱼的色彩美 2. 师幼共同从形状及细节方面进行评价

图5-5 海洋画　　　　图5-6 创作海洋画

【家庭亲子活动】

表5-2 家庭亲子活动

活动名称	活动准备	活动目标	活动内容	注意事项
认识开渔节	1. 事先可以跟幼儿聊聊关于开渔节的话题 2. 准备一张开渔节调查表 3. 带上相机、记录本等记录工具	1. 了解象山开渔节的相关知识 2. 对开渔节有探究的欲望	1. 带幼儿参观象山渔文化博物馆，可以邀请博物馆讲解员详细讲解，让幼儿认识象山开渔节，知道开渔节的意义和开渔节的活动、习俗 2. 爸爸妈妈们可以带幼儿参加开渔节的相关活动或在家中播放开渔节祭海仪式的视频 3. 爸爸妈妈和幼儿一起完成开渔节调查表 4. 带幼儿参观在人民广场举办的渔家艺术展览活动，现场参与展览活动中的体验活动，并拍照记录活动 5. 和幼儿一起将收集到的开渔节相关资料制作做成简报等到幼儿园展示	1. 有条件的话带幼儿一起逛逛石浦老街、卢圣贵爷爷工作室、象山非物质文化遗产活动中心等"非遗"文化传承地，有条件的可以亲身体验、学习"非遗"文化的技艺 2. 带幼儿一起去海边拾贝壳、捡垃圾等
猜灯谜	1. 带谜语的灯笼 2. 彩纸、笔等制作工具 3. 邀请家庭人员共同参加	1. 初步了解谜语面结构特点，知道谜语与谜面、谜底 2. 尝试创编谜面	1. 爸爸妈妈和幼儿共同制作鱼灯 2. 爸爸妈妈将准备好的灯谜挂在鱼灯上，在家中展示 3. 幼儿选鱼灯，爸爸妈妈读谜面，幼儿猜灯谜 4. 幼儿创编灯谜，请爸爸妈妈猜谜	1. 如果有条件的话可以在家中布置鱼灯一条街，让幼儿仿佛身临其境 2. 鼓励幼儿自己根据动物的外

(续表)

活动名称	活动准备	活动目标	活动内容	注意事项
		3. 乐于参与猜谜、编谜活动，体验猜谜、编谜游戏带来的成功与快乐		形、声音、生活习性等特点创作谜面 3. 可邀请亲戚来家中做客，增加猜谜乐趣
摸小鱼	1. 菜场购买的各种活鱼 2. 水盆 3. 眼罩	1. 准确地抓住活鱼 2. 感受不同鱼体表的触感 3. 体验捞鱼、摸鱼的快乐	1. 和幼儿一起去菜场认识各种鱼，并购买一些活鱼回家。可以聊聊这是什么鱼？这个鱼长得怎么样？用方言怎么讲？ 2. 将活鱼放入水盆中 3. 请幼儿尝试用多种工具捞鱼并说出鱼的名字 4. 请幼儿摸摸活鱼，说说每种鱼摸起来的感觉 提问：这条鱼摸起来感觉怎么样？	1. 选择鱼的时候尽量选择形态不同、触感各异的鱼类 2. 鼓励幼儿大胆摸鱼，感受不同鱼表面的不同触感 3. 幼儿摸鱼的时候要提醒幼儿不要伤到小鱼

传统习俗

活动适宜季节：任何季节

主要目标领域：社会　　　　　　　　　　　　　　**辅助目标领域：语言**

【建议目标】

小班
1. 喜欢参加"过大年""婚礼"等传统习俗活动，感受过节的喜庆气氛。
2. 能用语言、送贺卡等方式，大胆地向家人、同伴表达自己的节日祝福和感谢。

中班
1. 对"过新年""婚礼"等习俗活动有强烈的探究兴趣，了解常见的庆祝方式。
2. 喜欢参与节日环境的布置，能自己动手制作节日贺卡、礼物，乐意赠送给他人。

大班
1. 了解"过新年"的传统习俗，积极参与"过新年"的各项活动。
2. 了解婚礼的基本习俗，乐意与同伴合作完成婚礼的各项准备。
3. 体会过传统节日的快乐，进一步激发对中国传统习俗的喜爱之情。

【主题框架】

主题"传统习俗"主要从"婚礼习俗"和"过年习俗"两个方面展开,这一主题活动参考框架如下。(见图5-7)

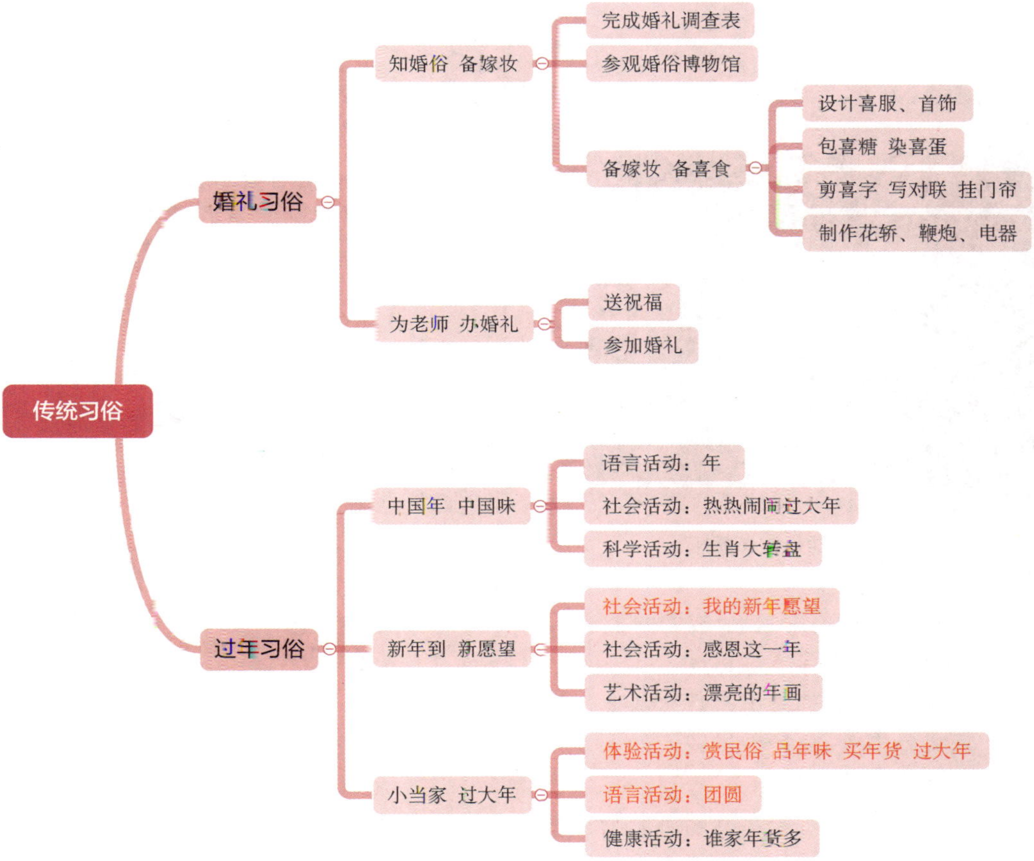

```
传统习俗
├── 婚礼习俗
│   ├── 知婚俗 备嫁妆
│   │   ├── 完成婚礼调查表
│   │   └── 参观婚俗博物馆
│   ├── 备嫁妆 备喜食
│   │   ├── 设计喜服、首饰
│   │   ├── 包喜糖 染喜蛋
│   │   ├── 剪喜字 写对联 挂门帘
│   │   └── 制作花轿、鞭炮、电器
│   └── 为老师 办婚礼
│       ├── 送祝福
│       └── 参加婚礼
└── 过年习俗
    ├── 中国年 中国味
    │   ├── 语言活动:年
    │   ├── 社会活动:热热闹闹过大年
    │   └── 科学活动:生肖大转盘
    ├── 新年到 新愿望
    │   ├── 社会活动:我的新年愿望
    │   ├── 社会活动:感恩这一年
    │   └── 艺术活动:漂亮的年画
    └── 小当家 过大年
        ├── 体验活动:赏民俗 品年味 买年货 过大年
        ├── 语言活动:团圆
        └── 健康活动:谁家年货多
```

图5-7

【活动案例】

社会活动: 我的新年愿望

【建议年龄段】大班

【活动准备】

1. 新年生肖动物的玩偶或图片（如本活动中的小狗）。
2. 生肖轮廓的心愿卡片，自备音乐《新年好》。

【活动过程】

一、活动导入

1. 随着《新年好》的音乐，与小动物一起欢乐舞动，感受新年来临的喜庆气氛。

2. 教师扮演生肖动物：孩子们，新年即将来临，你们一定有许许多多的心愿吧？我要把大家的愿望都装进心愿瓶里，和大家一起努力，一起加油，实现美好的新年愿望。

图5-8 幼儿挂心愿瓶

二、活动开展

（一）新年，我对自己说……

1. 新年里你希望自己身体上有哪些变化？
2. 自己的事情自己做，又长大一岁了，你想学做哪些事？
3. 在幼儿园的最后一学期，你想和小伙伴们一起做些什么？
4. 新年里我们将跨入新学校，你希望自己做个怎样的小学生？

（二）新年，我对家人说……

1. 新年里，你希望家里有什么新变化？
2. 家人是最关心、最爱护我们的人，新年里你想对家人说些什么？画出新年新愿望。

（三）画新年愿望的活动

1. 伴随新年音乐，将美好的心愿画在新年卡片上。
2. 跟同伴说一说，交流和分享自己的新年愿望。
3. 让我们把自己的美好心愿保存到心愿瓶中，一起加油，努力实现自己的愿望。

三、活动延伸

幼儿可以把自己的心愿瓶悬挂到幼儿园的树上。

语言活动：团圆

【建议年龄段】中、大班

【活动准备】

PPT：绘本《团圆》。

【活动过程】

一、活动导入

1. 你们和家人什么时候会团圆在一起？

2. 出示绘本封面：这是毛毛、毛毛的爸爸、毛毛的妈妈，她们只有在过年的时候才能团聚在一起，因为毛毛的爸爸在外地盖大房子，每年只有过年的时候才回家一次。

二、活动开展

(一) 看看说说，理解画面内容

1. 图1：过年了，毛毛的爸爸回家了，毛毛看到爸爸回来了心情怎样？她会对爸爸说些什么？

2. 图2：爸爸给毛毛和妈妈带回来什么新年礼物？

3. 图3：除夕晚上，毛毛和爸爸妈妈在干什么？

4. 图4：爸爸把什么放到汤圆里？为什么这么做？

5. 图5：这天夜里，爆竹"噼噼啪啪"地响个不停。毛毛依偎在爸爸妈妈中间，想到和爸爸、妈妈一起贴春联、包汤圆，感到真幸福。

6. 图6：年初一的早上，毛毛可乐坏了，你看她都欢呼起来了。这是为什么？这是一枚怎样的硬币？会给毛毛带来什么？她把这件事告诉了谁？她会怎么说？

7. 图7：年初二爸爸在干什么？他为什么要做这些事情？毛毛给爸爸拿来了什么？

8. 图8：爸爸让毛毛来到了哪里？到屋顶上干什么？毛毛怎么会骑到爸爸的背上？你觉得毛毛的爸爸怎么样？

9. 图9：年初三，毛毛和小伙伴们在干什么？毛毛怎么哭了？

10. 图10 毛毛在找什么？爸爸给她一个硬币为什么还不高兴？

11. 图11 毛毛找到了她最心爱、能给她带来好运的硬币，甜甜地睡着了。

12. 图12 第二天早上，爸爸妈妈在干什么？毛毛这时候心里会怎么样？

13. 图13 毛毛在干什么？这是毛毛最宝贵、最心爱的硬币，为什么要送给爸爸？毛毛的爸爸在干什么？为什么要抱紧毛毛？

(二) 完整欣赏故事，感受亲情

1. 我们一起来听这个故事《团圆》。

2. 听了故事，喜欢毛毛和她的爸爸吗？喜欢他们什么？

三、活动延伸：画一画温情的时光

1. 说说你和爸爸妈妈在一起的欢乐时光，并用绘画的形式表现出来。

2. 与同伴交流自己的画面内容。

> **资源链接**
>
> 　　讲述了过年期间,母女俩与在外工作的父亲团聚又分离的故事。要过年了,爸爸回家了,他为家人带来了快乐和温暖。故事中的"我"享受着爸爸特有的关爱,去高高的屋顶看龙灯,在汤圆里包入一枚好运硬币。可是,很快爸爸就要离开了,短暂的团聚之后又是长长的离别。"我"郑重地把好运硬币交到爸爸的手中,期盼着下一次的团圆。
>
> 　　注:绘本《团圆》出自明天出版社　　文:余丽琼　　图:朱成梁

体验活动: 赏民俗　品年味　买年货　过大年

【建议年龄段】小、中、大班

【活动准备】

1. 活动前幼儿学习拜年的礼仪。
2. 教师和幼儿穿上喜庆的过年衣服。
3. 每个幼儿制作一张新年贺卡,准备一份新年小礼物。
4. 活动开始前创设好四个场地:"民俗文化区""传统美食区""地方大戏区""怀旧电影区"。
5. 幼儿园准备好红包若干。

【活动过程】

一、穿新衣、拜大年

1. 每个幼儿和老师穿上喜庆的新年衣服,参加"赏民俗、品年味、买年货、过大年"的活动。
2. 幼儿带上自己的新年卡片和礼物,在幼儿园里与老师、同伴互相"拜年",送上自己的祝福和礼物。
3. 每个幼儿都可以在来园时,在幼儿园门口向园长和老师们拜大年,接一个大红包。

二、赏民俗、买年货

规则:幼儿可以用游戏币去各个区域游戏,购买自己喜欢的年货。

1. "民俗文化"区。

邀请志愿者家长和民间艺人来园现场制作,幼儿活动前制作好一些民俗作品。游戏时,幼儿可以用游戏币进入各区域创作,也可以直接购买。

(1)"喜福临门"铺:邀请家长志愿者现场写春联、"福"字、"春"字,幼儿创作春联、"福"字和"春"字等。

(2)"年年有余"铺：幼儿创作的各种年历、年画等。
(3)"福气满堂"铺：幼儿创作的各种福袋、窗花、灯笼等。
(4)"喜气洋洋"铺：民间艺人现场制作各种面人(动物、人物)、幼儿创作的各种泥塑作品。

2."年货集市"区。

邀请志愿者家长和民间艺人入园现场制作过年的传统美食，幼儿可以现场学做、购买年货。

(1)"年年高升"铺：年糕、沙粒碧、骰子糕、桃酥饼等。
(2)"五谷丰登"铺：春卷、食饼筒、南瓜饼、各色粗粮食品等。
(3)"团团圆圆"铺：萝卜团、红豆团、冬笋团等。
(4)"甜甜蜜蜜"铺：花生糖、芝麻糖、米胖糖、豆酥糖等。
(5)"包罗万象"铺：花色包子、发糕、夹沙糕等。
(6)"八珍玉食"铺：花色饺子、汤包、汤圆等。
(7)"冰糖葫芦"铺：花色糖葫芦。
(8)"民间糖画"铺：十二生肖糖画、糖人等。

三、看大戏、品年味

1."地方大戏"区。

邀请爷爷奶奶等祖辈和幼儿同台表演传统戏曲(如越剧、京剧、黄梅戏、武术表演等)，邀请民间艺人来园舞龙舞狮，幼儿可以自愿进入场地观看表演。

2."怀旧电影"区。

播放关于"年"的动画片，幼儿可以自由进入场地观看电影。

图 5-9　看民间艺人做糖画

【区域活动创设参考】

表 5-3　区域活动创设参考

区域名称	内容	材料投放	操作方法	指导建议
语言区	读一读关于"年"的绘本	提供绘本《年的传说》《春节》《过年啦》《团圆》以及《中国传统节日》绘本系列，相关头饰或胸饰	师幼共读或者幼儿自主阅读绘本	1. 在阅读的过程中，教师引导幼儿细致地观察画面，理解图意。鼓励幼儿与同伴交流阅读感受 2. 在幼儿熟悉绘本的基础上，可以鼓励和启发幼儿创造性地表演绘本故事

(续表)

区域名称	内容	材料投放	操作方法	指导建议
	拜大年	八格大转盘，每一格分别贴有爷爷、奶奶、爸爸、妈妈、叔叔、阿姨、哥哥、姐姐等家人的头像。(可以根据需要扩大转盘格数)	1. 幼儿转动转盘一次，观察转盘停下时指针所指的图片 2. 根据图片上的任务身份说适当的祝福语，如，"祝爷爷身体健康！"	教师可以事先在谈话活动中讨论对不同身份的人应该说哪些合适的祝福语
益智区	节日年历	各式新旧年历，各个节日的说明展示(名称、日期、主题)，水彩笔	用彩笔在年历中圈出节日，并画出相应的标识	根据幼儿的能力情况，可以从日期表述中逐渐加深难度，如重要节日——一般节日——农历节日——西方节日
	挂彩灯	提供多种形状的彩灯卡片(可以是幼儿自制的)、彩绳、夹子	1. 幼儿可以根据教师提供的规律，将彩灯卡片夹在彩绳上 2. 幼儿可以两两结伴，一人创编规律，另一人接着排序。互换角色，反复游戏	教师可以根据幼儿的能力，循序渐进地丰富彩灯的形状，逐步加深排序的难度
	年货打包	提供各种年货图片，贴上 1—6 的数字，表示年货的单价。提供小纸盒作为年货包，并在小纸盒上贴上 6—10 的数字，表示打包后的年货总价	选取一个年货包，根据盒子上的总价选取年货，年货的单价之和要等于年货包上的总价	1. 根据不同幼儿的计数能力，教师在年货和年货包上可以是数字或圆点两种形式 2. 鼓励幼儿制定自己的年货购买计划，在"买年货"的活动中根据自己的需要购买
美工区	张灯结彩	各色彩纸、彩笔、胶水、剪刀等	幼儿自由创作各式彩灯，可以用绘画或剪贴的方法进行装饰，还可以悬挂进行班级环境的装饰	可以鼓励幼儿利用包装盒、卫生纸筒芯等废旧物品进行多元创作
	百变窗花	不同形状的彩纸、剪刀、铅笔、窗花作品或图片等	鼓励幼儿用不同形状的纸和不同的折叠方法剪出各式窗花，感受窗花的镂空美、对称美等	1. 窗花的连接是难点，教师可将分片的窗花折叠回原样，引导幼儿找出最重要的连接边 2. 可以在剪窗花的基础上，引导幼儿剪"春"字
	新年贺卡	各色卡纸、剪刀、胶水、树叶、花瓣等多元化的材料	1. 幼儿自由剪贴、绘画，制成表达感谢的卡片，画出自己想要表达的祝福语 2. 将贺卡赠送给同伴、老师、家人等，并大胆表达自己的祝福	教师提供幼儿丰富的制作材料，也可以将幼儿制作的卡片分别展示

(续表)

区域名称	内容	材料投放	操作方法	指导建议
	备嫁妆	1. 各式纸箱、鸡蛋篓 2. 颜料、画笔 3. 毛根、珠子、包装纸	1. 用包装纸包纸箱，并用颜料装饰做成各种电器 2. 用各种材料制作装被的包装箱 3. 用毛根、珠子等材料制作首饰 4. 为新郎新娘设计喜服	1. 根据需要，提供适宜的材料，也可以让幼儿一起寻找 2. 积极参与婚礼的筹备工作，与同伴合作完成婚礼的嫁妆准备
表演区	喜拜堂	1. 唢呐、腰鼓、彩带、花球、纸扇等道具 2. 《拜喜堂》的图谱 3. 录音	1. 根据音乐《拜喜堂》的节奏，幼儿选用各种道具配合表演 2. 排练迎亲、拜堂的场景	1. 用多种方式引导幼儿感受歌曲的喜庆氛围 2. 引导掌握乐曲的节奏，并尝试用打击乐器配上乐曲
生活区	包喜糖	1. 喜糖 2. 各种包装盒、包装纸 3. 丝带、小卡片	1. 折好喜糖盒 2. 将糖放入喜糖盒 3. 用丝带包装起来	可以提供多种难度和各种类型的包装材料，供不同能力的幼儿自主选择
	染喜蛋	1. 鸡蛋、染料、热水 2. 脸盆、鸡蛋篓	1. 在盆内倒入温开水和染料 2. 放入鸡蛋 3. 取出鸡蛋晾晒 4. 晾干后将鸡蛋放入鸡蛋篓	引导幼儿染喜蛋时要注意颜色的均匀

图 5-10 写福字

图 5-11 染喜蛋

 【家庭亲子活动】

表 5-4　家庭亲子活动

活动名称	活动准备	活动目标	活动内容	注意事项
知婚俗	1. 事先可以跟幼儿聊聊关于婚俗礼仪的话题 2. 准备一张婚俗调查表 3. 带上相机、记录本等记录工具	1. 知道结婚是一件美好的事情 2. 通过多种方式，了解古代婚礼的基本习俗	1. 爸爸妈妈带幼儿参观婚俗博物馆，可以邀请博物馆讲解员详细讲解，让幼儿认识古代结婚要用到的物品，要准备的嫁妆，对婚俗有初步感受 2. 爸爸妈妈们可以在家播放中国古代婚礼的视频，让幼儿感受中国婚俗文化 3. 爸爸妈妈和孩子一起完成关于婚礼的调查表。调查表内容可以围绕"备嫁妆""备喜食""备新房"三个内容展开 4. 可以告诉幼儿爸爸妈妈结婚的场景，可以提供照片，做成简报带到幼儿园展示 5. 可以带幼儿采访自己的爷爷奶奶、外公外婆，听听他们结婚的故事，并用图画的形式记录呈现	1. 如果您家最近有亲戚朋友结婚，请带上您的孩子参加一场婚礼，和幼儿一起记录婚礼的流程，了解婚礼中应该做的事情 2. 和幼儿一起收集喜糖盒、纸箱、鸡蛋篓、红色纸或布、红包等婚礼用品带到幼儿园供区角活动使用
过新年送祝福	彩纸、卡片、剪刀、胶水等工具	1. 知道春节是中国人最重要的传统节日，了解人们庆贺新年的传统习俗 2. 感受节日热闹、喜庆的气氛，喜欢与家人一起欢度新年	1. 聊聊"我家的快乐新年" 爸爸妈妈在家可以和幼儿聊聊关于新年的话题，如你最喜欢过新年的哪些事？过新年走亲访友时会遇到哪些人？可以怎样与他们打招呼？ 2. 制作新年贺卡和礼物 （1）说说要将贺卡寄送给谁，有什么祝福话语要送给他？ （2）动手自制新年贺卡和小礼物 3. 寄贺卡 （1）讨论邮寄贺卡需要做哪些准备，写好收件人的姓名、贴好邮票，把贺卡装入信封 （2）带幼儿到附近的邮局寄贺卡	1. 引导幼儿讨论面对不同身份的人可以说哪些不同内容的祝福话语，鼓励幼儿运用丰富的词汇表达对亲友的祝福 2. 寄贺卡的同时，爸爸妈妈可以带幼儿参观邮局、观察邮筒，了解信件的投递过程

第二节 珍爱自然

大自然是在四季的轮换中不断变化着的,神奇的自然现象会带给幼儿无限的讨论话题和思考方向。对于幼儿来说,自然就是最好的活动课堂,本节将通过"春的秘语""夏的畅享""秋的探寻""冬的故事"这四大主题让幼儿在观察探究、实践体验中 喜欢自然、感恩自然、尊重自然。

春 的 秘 语

活动适宜季节:春天

【建议目标】

小班
1. 发现春季种子的发芽现象,感受春天给大自然带来的勃勃生机。
2. 参与种植活动,萌发爱护植物的情感。

中班
1. 发现春天小草和花儿生长的变化,知道春天是一个万物生长的季节。
2. 知道温度、水、阳光是植物生长的必要条件。

大班
1. 了解动、植物在春天的生长情况和它们与人类生活的关系。
2. 表达自己对动、植物的了解和发现,产生热爱自然的情感。

【主题框架】

主题"春的秘语"主要从"花儿朵朵""绿野仙踪"和"我在长大"三个方面展开,这一主题活动参考框架如下(见图5-12)。

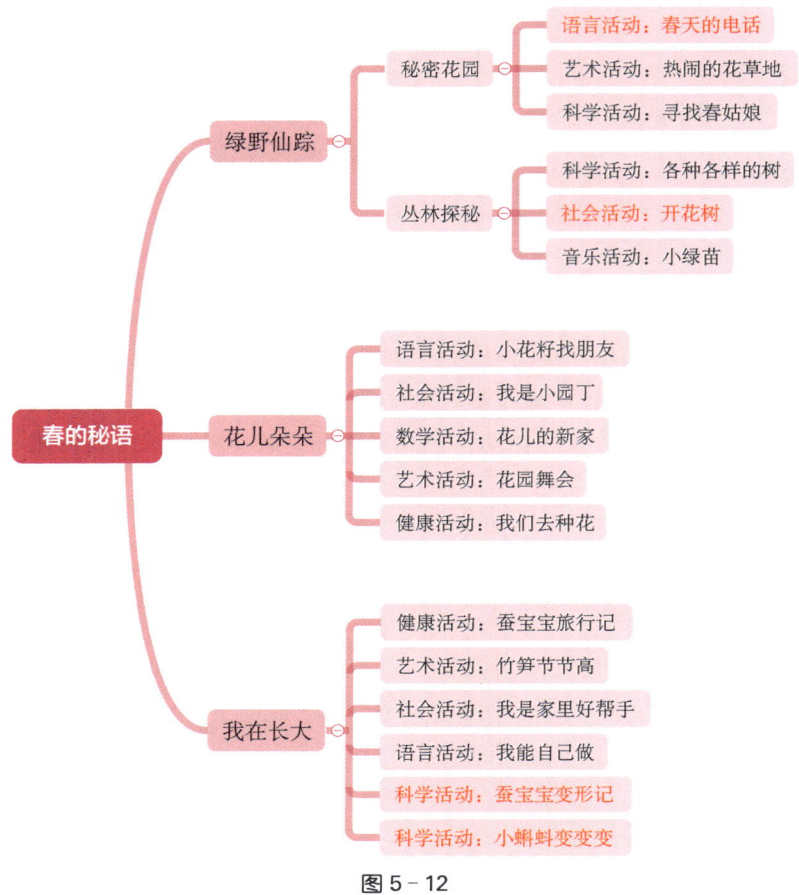

图 5-12

【活动案例】

语言活动：春天的电话

【建议年龄段】中班

【活动准备】

1. 课前带领幼儿寻找春天。
2. 多媒体课件。
3. 小熊、小松鼠等故事头饰。

【活动过程】

一、活动导入

1. 播放声音"轰隆隆……"。你们听到了什么声音？
2. 一只小熊睡了好久的一觉，春天来了，它想，外面都变成了什么样子？

小朋友，你看到春天有哪些变化吗？

二、活动展开

1. 小熊发现春天来了，它会怎么做呢？

小熊会用什么样的方式告诉它的好朋友春天来了？

2. 分段欣赏故事，了解故事内容。

（1）小熊是怎样告诉它的好朋友春天来了的？它给谁打了电话？
（2）小熊告诉小松鼠哪些春天来了的信息？
（3）小松鼠告诉小兔哪些春天来了的信息？
（4）小兔告诉小青蛙哪些春天来了的信息？
（5）小青蛙们知道了春天来了的信息，会怎么做呢？
（6）小公鸡听了电话，知道春天来了，它又给谁打电话了呢？它是怎么说的？

3. 小结：小熊听了电话，高高兴兴来到了外边，看见大家都出来了。他们都互相感谢着对方给自己打电话，告诉彼此春天来了的好消息。原来爱是可以互相传递的，当你给别人爱时，自己也会得到爱。

4. 再次欣赏，表演故事。

（1）播放完整的故事录音，请幼儿欣赏。
（2）幼儿戴上头饰进行表演，学说故事的对话。

小动物们都打电话告诉好朋友春天来了，那我们也来学一学小动物们打个电话吧！

三、活动延伸

1. 小动物们都把春天来了的好消息告诉好朋友，你愿意关心、帮助朋友吗？你会怎么关心、帮助朋友呢？
2. 如果是你，你愿意把这份爱传递给谁呢？你想对接到你电话的人说些什么呢？

资源链接   **春天的电话**

睡了一个冬天的小黑熊被轰隆隆的春雷惊醒了，揉揉眼睛，打开窗户，往外一看："啊，原来是春天来了！"它连忙拿起电话，得儿得儿地拨电话号码——1,2,3,4,5，"喂，小松鼠吗？春天来了，树上的雪融化，快出来玩玩吧！"

小松鼠听了电话，也得儿得儿地拨电话号码——2,3,4,5,1，"喂，小白兔吗？春天来了，山坡上的草绿了，快出来吃草吧！"

小白兔听了电话,也得儿得儿地拨电话号码——3、4、5、1、2,"喂小花蛇吗?春天来了,河里的冰融化了,快出来游泳吧!"

　　小花蛇听了电话也得儿得儿地拨号码——4、5、1、2、3,"喂,小狐狸吗?春天来了,地上的虫子爬出来了,快出来捉虫子吧!"

　　小狐狸听了电话,也得儿得儿地拨号码——5、1、2、3、4,"喂,小黑熊吗?春天来了,山上的花开了,快出来采花吧!"

　　小黑熊听了电话,高高兴兴来到外边,看见大伙儿全出来了。它碰见了小狐狸,说:"谢谢你,给我打电话,告诉我春天来了。"小狐狸指指小花蛇,小花蛇指指小白兔,小白兔指指小松鼠,都说:"是它打电话给我的,应该谢谢它。"小松鼠指指小黑熊说:"我们应该谢谢小黑熊是它第一个给我打电话的!"

　　小黑熊,连忙把两只大手捂住脸,连声说:"不用谢,不用谢。"

　　注:《春天的电话》选自《幼儿童话故事》

社会活动:开花树

【建议年龄段】中班

【活动准备】

1. 多媒体课件。
2. 一棵自制的大树、若干可黏贴的花。
3. 一盆采得光秃秃的花株。

【活动过程】

一、活动导入

　　(PPT 出示一棵开满鲜花的大树)春天来到了,有的花儿已经盛开了,你们看,这棵开满鲜花的大树漂亮吗?

二、活动展开

1. 小朋友都非常喜欢花朵,于是大家你摘一朵,我摘一朵。树上的花没有了,变得光秃秃的了。(教师操作摘掉鲜花的大树 PPT)
2. 这时大树的心情怎么样?大树为什么哭了?
3. 你们觉得摘花的行为对吗?我们怎么能让大树再高兴起来呢?
4. 我们一起来打扮这棵树,让它笑起来好吗?(让幼儿把花贴到大树上)
5. 看到路边有这样一棵开花的树你会怎么做?

如果有人去摘树上的花,你想对他们说些什么?

6. 出示一株光秃秃的花株:这盆花漂亮吗?为什么?那花和叶子去哪儿了?以前它是什么样子的?

7. 真、假花的对比,让幼儿明白不摘花的道理。

为什么这些花能贴上去,而这盆花不能呢?

小结:假花没有生命,摘了可以再做,但真花是有生命的叶子,它摘下来就枯萎了,虽然能长出新的叶子,但需要很长时间。那怎样能让它长出绿色的叶子和美丽的花呢?

三、活动延伸

师:除了花有生命,在我们周围还有什么是有生命的?春天到了,树开始发芽,花儿开始绽放,看到美丽的花、发芽的树不能破坏它。

资源链接　　　　　**开 花 树**

有一天,大树前来了一个小男孩,看见这么美丽的花就摘了一朵,又有一天,一个小女孩来到大树下,见到了树上的花,也摘了一朵。这一天,大树前来了一群小朋友,一见树上开满了鲜花都去摘,他们你一朵、我一朵,不一会,树上的花就被摘没了,花没了,光秃秃的树真难看。大树伤心地哭了。

注:《开花树》选自《幼儿园体验式学习》

科学活动:小蝌蚪变变变

【建议年龄段】小班

【活动准备】

小蝌蚪生长过程课件、《小蝌蚪找妈妈》视频、小蝌蚪生长过程小卡片。

【活动过程】

一、活动导入

1. 谜语:黑脑袋圆溜溜,一条尾巴拖后头。东游游来西游游,好像许多黑豆豆。(出示小蝌蚪)

2. 这么可爱的小蝌蚪,那你知道它们的妈妈是谁吗?(青蛙)

二、活动展开

（一）小蝌蚪变变变

1. 游戏：小蝌蚪变变变。提供操作小图片，让幼儿根据已有经验进行图片排序。让幼儿看看、排排、说说小青蛙是怎样长大的。
2. 幼儿为蝌蚪成长卡排队，教师巡回指导。
3. 幼儿交流讲述猜想过程。

（二）观看动画课件，了解小蝌蚪变青蛙的生长过程

1. 播放动画《小蝌蚪找妈妈》：我们来看一下动画，看看小蝌蚪是怎么变成青蛙的。
2. 请个别幼儿和教师一起排图，完成小蝌蚪变青蛙的生长过程。
（1）蝌蚪变青蛙是先长出前脚还是后脚？
（2）身体的哪个部分会消失？
（3）最后变成了谁呀？

三、活动延伸

1. 小蝌蚪变成青蛙以后，它会干什么呢？
2. 青蛙经常帮农民伯伯捉田里的害虫，是我们的朋友，我们一定要保护它。

科学活动：蚕宝宝变形记

【建议年龄段】 中班

【活动准备】

1. 蚕宝宝生长过程的PPT。
2. 熟蚕的照片和图片、录像，纸和笔。
3. 蚕若干条，蚕茧几个，丝织品若干。

【活动过程】

一、活动导入

1. 谜语：小时候穿黑衣，长大穿白袍，到老留下一卷丝，献给人们做嫁衣。
2. 蚕宝宝是什么样子的？蚕宝宝爱吃什么？

二、活动展开

1. 出示相应的图片，引导幼儿观察讨论。
（1）蚕宝宝是由什么变成的？（蚕卵）蚕卵是什么样子的？
（2）蚕卵孵出来的幼蚕像什么？叫什么？
幼蚕很小，像蚂蚁一样，我们给它取名蚁蚕。

(3) 蚕宝宝吃了很多桑叶，一天天地长大，它有哪些变化？又变成什么样子？

2. 引导幼儿观察图片并排序。

(1) 蚕宝宝长大要经过哪几个阶段？请小朋友们看图想一想，再按蚕宝宝的生长过程，排一排先后顺序。

(2) 个别幼儿上来给图片排序，全体幼儿观察。

3 小结：蚕的一生要经过卵、幼虫、蛹和成虫四个阶段。刚孵出来的幼蚕，身体黑色很小，像蚂蚁，叫蚁蚕。蚁蚕吃了很多桑叶，慢慢地长大，经过四次蜕皮，身体一次又一次变白、变大。最后，蚕开始吐丝作茧，在茧里，蚕再蜕一次皮，变成蛹，由蛹变成蛾，然后咬破茧爬出来。蚕蛾是灰白色的，有翅膀，雌蛾产卵后不久就死去。

三、活动延伸

1. 说说蚕宝宝喜欢吃什么？饲养蚕有什么用？

蚕屎可做枕芯，有药用价值；蚕茧能抽丝纺织成丝绸，可做面料和服装。

2. 蚕对我们的用处很大，我们在饲养时，应注意些什么？

勤换桑叶，让蚕吃饱；蚕结茧时，不要移动等。

【区域活动创设参考】

表 5-5 区域活动

区域名称	内容	材料投放	操作建议	指导建议
语言区	小蝌蚪找妈妈	小蝌蚪找妈妈的故事卡、小蝌蚪找妈妈情景等	幼儿根据《小蝌蚪找妈妈》这个故事，使用教师提供的桌面材料来边讲边演这个故事	指导幼儿用自己喜欢的语言去表达故事内容，讲的时候慢一点，表情要丰富
	请你编一编	"春雨"仿编图	幼儿根据"春雨"的仿编图仿编出"春雨"的诗歌	发散幼儿的思维想象，把诗歌里面的一些内容替换掉
益智区	我是小园丁	通向数学小花、花园的底纸	幼儿根据底纸左上角的数字或者是点，在底纸上摆放小花	根据幼儿的能力情况，教师提供的底纸要有易有难。提醒幼儿摆一朵花，跟数一朵
	花儿排排队	花儿积木、排序卡等	幼儿根据排序卡上的各种模式规律，摆放出不同的花儿队伍	排序卡上的规律可以难易兼有，随幼儿选择。提醒幼儿在摆放过程中用嘴说出来
	小蝴蝶找翅膀	小蝴蝶翅膀（有各种图形）	幼儿根据一半的蝴蝶翅膀，找到另一半的蝴蝶翅膀	请幼儿观察蝴蝶翅膀上的图案后再去找另一翅膀，两个翅膀拼在一起一定要看仔细

(续表)

区域名称	内容	材料投放	操作建议	指导建议
	花儿消消乐（见图5-13）	小花、棋盘	幼儿根据玩游戏消消乐的规则玩花儿消消乐，规则是连成三个一样的就可以拿走，看看谁拿的小花多	指导幼儿观察有两朵同样小花的地方
	花朵拼拼乐	花儿多块拼图	幼儿根据自己的喜好拿一副花朵拼图，然后拼成完整的图片	指导幼儿根据自己的能力拿适合自己拼的拼图
	花儿找家（见图5-14）	坐标图、花卡等	幼儿根据小花旁边的坐标提示在格子底纸上找到相对应的位置，把小花放上去	指导幼儿先用嘴念一遍坐标"第几层，第几楼"，然后再去找家
美工园	花树	硬纸板、报纸、玫红色硬卡纸等	幼儿利用报纸、胶水、透明胶随意黏贴和缠绕成一棵大树	指导幼儿透明胶缠绕时的技巧，其他随幼儿自由发挥
	花皇冠	花瓣、生日皇冠	幼儿用双面胶在皇冠上贴上各种好看的花瓣装饰皇冠	指导幼儿将皇冠贴得满一点
	香薰蜡片（见图5-15）	彩泥、花瓣、自制相框、白浆等	幼儿根据蜡片的制作步骤制作香薰蜡片	指导幼儿在摆放花朵的时候不要很重地按压，以免引起蜡片表面的不平整
	花儿项链	花、超轻黏土、麻绳	幼儿将超轻黏土做成一个小圆片，将自己喜欢的花贴在圆片上，最后在上面用牙签打洞，等黏土干了后穿上麻绳	指导幼儿将花儿压得平整后再粘上去
建构区	春天的公园	雪花片、乐高积木、木质积木、石头、树枝等	幼儿根据自己的想象或者自己绘制的设计图用各种大件材料，搭建"春天的公园"	帮助幼儿发散思维，"想想公园里面还有什么，或者你想加点什么"

图5-13

图5-14

图5-15

【家庭亲子活动】

表5-6　家庭亲子活动

活动名称	活动目标	活动准备	活动内容	注意事项
我的小盆栽	1. 体验亲子种植的乐趣，学会关爱自己种植的植物 2. 了解种子发芽所需的条件，能将自己的发现记录下来	种子、泥土、容器、花洒、铲子、放大镜、测量工具、笔、记录本	1. 幼儿将种子埋进土里，根据种子的需要，为其浇水、松土 2. 观察种子的发芽情况，记录植物的生长过程	1. 家长应为幼儿提供丰富的操作工具，并帮助幼儿掌握工具的使用方法 2. 与幼儿提前了解该植物的种植条件
春游	1. 欣赏春天的美景，喜欢亲近大自然 2. 感受集体春游的快乐，增进同伴间的情感交流	运动服、运动鞋、遮阳帽、创可贴、食物、纸巾、垃圾袋	1. 集合出发 2. 到达目的地，寻找、观察春天的景色 3. 亲子游戏 4. 趣味集体照 5. 集体休息、分享美食 6. 清理场地，返程	1. 春游前对幼儿进行安全教育 2. 保管好个人物品，保持活动环境的整洁
昆虫大调查	认识新的昆虫，丰富关于昆虫的经验	放大镜、防蚊药品、记录本、笔	1. 亲子共同收集与小飞虫相关的标本、图片、照片 2. 带幼儿去植物园或公园等昆虫比较多的地方，和幼儿一起找找已经认识或从未见过的昆虫 3. 与幼儿一起玩昆虫游戏	做好防蚊防虫工作

夏 的 畅 享

活动适宜季节：夏季

【建议目标】

小班
1. 在游戏中充分感受玩沙玩水的乐趣，熟悉沙水的特性
2. 认识夏季中常见的几种动物，愿意表达自己的发现和感受。

中班
1. 知道"水的用处大",萌发珍惜水资源的环保意识。
2. 体验模仿各种小飞虫嬉戏的乐趣,愿意表达自己的想法。

大班
1. 体验和探究水的变化,用多种形式表达对水的喜爱。
2. 愿意在生活中为环保做力所能及的事。

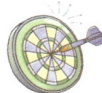【主题框架】

主题"夏的畅享"主要从"潺潺流水""粒粒金沙"和"夏夜虫鸣"三个方面展开,这一主题活动参考框架如下(见图5-16)。

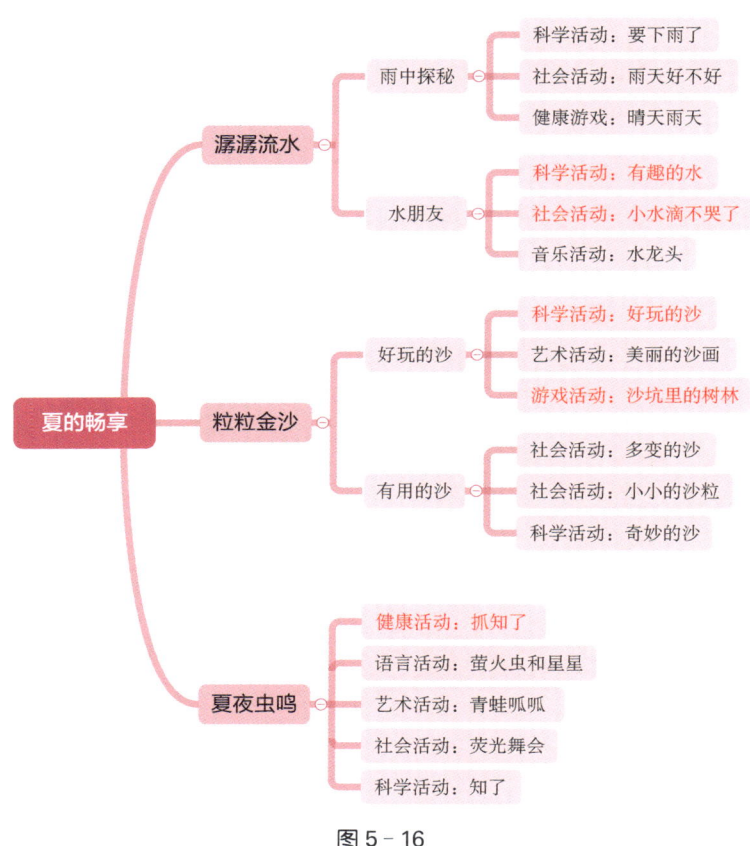

图 5-16

【活动案例】

社会活动：小水滴不哭了

【建议年龄段】中班

【活动准备】

　　1. 哭泣的水龙头图片与哭声音频。
　　2. 小花、小草的头饰若干，小水滴头饰一个。

【活动过程】

一、活动导入

　　1. 情境游戏"小花、小草浇浇水"。
　　一半幼儿扮演"花草"，一半幼儿跟随教师给"花草"浇水，"花草"和浇水的幼儿快乐地跳起舞。
　　2. 播放小水滴的哭声。
　　3. 观看教师与小水滴的对话表演。
　　师：小水滴，你为什么哭呀？
　　小水滴：滴滴答、滴滴答，有个小朋友洗完手没有关紧水龙头，把我给白白浪费了。
　　师：小水滴，你别哭，让我们来帮助你。

二、活动展开

　　1. 看教师出示水龙头滴水的图片，思考问题。
　　师：小水滴为什么会哭呢？怎么才能让小水滴不哭呢？
　　2. 平时你是怎样洗手的？怎样才能不浪费水？
　　3. 观察教师示范洗手时开、关水龙头的步骤。
　　师：先把袖子卷起来，再开水龙头，冲完水后把水龙头关上，再挤洗手液进行搓洗。然后打开水龙头洗手，最后关好水龙头。
　　4. 幼儿分批洗手，实践操作。（教师在旁观察提醒，帮助幼儿养成节约用水的良好行为习惯）

三、活动延伸

　　组织幼儿观看关于旱灾的录像资料，帮助幼儿进一步了解水的重要性，增强节约用水的意识。

科学活动：有趣的水

【建议年龄段】 中班

【活动准备】

1. 两个透明的玻璃杯（一个装有水，一个装有沙子），玻璃球两个。
2. 一次性透明塑料杯若干个、有洞的塑料袋、没洞的塑料袋、小网兜、汤勺、漏勺、半桶清水，搅拌棒人手一个，抹布。
3. 奶粉、咖啡、糖、盐。

【活动过程】

一、活动导入

教师出示两个透明的玻璃杯，一个装有水，一个装有沙子。将玻璃球分别藏在清水和沙子中，让幼儿观察寻找，找出"神秘的宝贝"。

师：小朋友仔细看看，老师藏了什么宝贝在里面？

师：为什么我们能知道水里藏了什么宝贝？却不知道沙子里藏了什么？

小结：水是无色透明的，我们可以清楚地看到水中物体的形状和颜色。

二、活动展开

（一）游戏：请客

1. 出示装有水的塑料盆和一次性塑料杯。

师：现在我们要请水宝宝来做客，把它从塑料盆里请到杯子里，你们有什么好办法呢？

2. 幼儿操作，教师观察指导。

师：老师给小朋友们也准备了一些工具，请小朋友选择自己喜欢的工具去邀请水宝宝。

3. 请个别幼儿讲述自己操作的过程。

师：你们请到水宝宝了吗？谁来和大家分享一下。

师：为什么有的小朋友请到水宝宝了，有的小朋友没请到呢？

4. 小结：水是流动的。

（二）游戏：变魔术

1. 出示一杯清水。

师：老师也把水宝宝请来了，这次水宝宝要和我们一起变魔术。

2. 老师将糖放入杯中搅拌。

师：糖怎么不见了？

3. 幼儿操作，教师观察指导。

师：老师也给小朋友们准备了一些材料，让我们一起和水宝宝变魔术吧！

4. 请个别幼儿讲述自己变魔术过程。

师：你们的水宝宝发生变化了吗？发生了什么变化？

5. 小结：水有溶解性，所以我们才能变出这么神奇的魔术。

三、活动延伸

1. 今天，我们和水宝宝玩了这么多游戏，你们喜欢水宝宝吗？你们知道在我们日常生活中水宝宝有什么作用吗？

2. 播放视频《水宝宝生病了》。

师：水宝宝怎么了？为什么会生病呢？我们应该怎么保护水宝宝？

3. 小结：我们在日常生活中应该注意节约用水，保护水宝宝，不让脏东西污染它们。

科学活动：好玩的沙

【建议年龄段】中班

【活动准备】

各种玩沙工具、各种颜色的沙子、沙画、画纸等。

【活动过程】

一、活动导入

1. 请幼儿随意玩沙，通过看、摸、吹、闻等感知沙子的基本特征。（细细的、软软的、一粒一粒的）

2. 两个幼儿为一组玩沙子游戏，用筛子、水桶、铲子、漏斗等工具使沙子流动起来，感知沙子流动的特性。

二、活动展开

（一）观察变化

1. 引导幼儿在盛水的杯子里放入沙子，用小棒搅一搅，并观察有什么变化。

2. 请幼儿在两个一模一样的、底部都有小孔的塑料瓶里，分别装上沙和土，然后倒入同样的水，观察有什么现象。

3. 引导幼儿观察干沙和湿沙的不同。

4. 请幼儿将粗沙、细沙、干沙、湿沙分别装入不同的容器里摇动，倾听、比较发出的声音。

（二）会变的沙

1. 教师出示沙画，激发幼儿制作沙画的欲望。

2. 请幼儿欣赏五颜六色的沙子，让幼儿感知沙子不仅有白沙、黄沙，还有红沙、黑沙、紫沙等。

3. 幼儿讨论：怎样让沙子变得五颜六色？并动手在干沙里分别注入水彩颜料，使其变成各色彩沙。

4. 幼儿自主合作制作沙画。
　　5. 沙画展览，请幼儿说一说制作沙画的过程，分享其中的乐趣。
　　6. 讨论：沙子越多越好吗？
　　通过讨论，让幼儿了解沙尘现象，以及沙尘暴给人类带来的危害，懂得植树造林的作用，增强环保意识。

三、活动延伸

　　让幼儿尝试用沙土进行种植，鼓励幼儿进行沙、沙土、泥土种植的比较实验。

游戏活动：沙坑里的树林

【建议年龄段】大班

【活动准备】

　　1. 录有各种表现动物特征的音乐。
　　2. 玩沙服、雨靴人手一份；玩沙工具人手一份；小动物图片；自制"小树苗"；长柄的小勺，废旧调羹，废旧水彩笔；可接长的拼插积塑等。

【活动过程】

一、活动导入

　　1. 幼儿根据音乐的性质自由学做各种小动物在沙中跑、跳、爬等动作。（教师可提供小动物图片，引导幼儿创编各种动作）
　　2. 幼儿利用身体的各部位探索玩沙的方法，如在沙中用脚丫踩脚印，膝盖印出大小不一的沙窝，用屁股坐出不同形状图形，用手按出手印、手指或拳头印等。

二、活动展开

　　1. 以"帮助小鸟建一座树林"为主题，引导幼儿讨论：可以用什么材料做树林？什么样的树林漂亮？
　　2. 运用推、拍、压、挖等技能建造沙丘，并用自制的"小树苗"进行有规律的排列，装饰成树林。
　　3. 引导幼儿商量制作的内容和人员的分工后再进行有目的的活动，注意从材料、方法和规律这三方面对幼儿的作品进行客观的评价。

三、活动延伸

　　1. 幼儿分组堆小山→挖山洞→造铁路，使山洞与山洞之间连接出长长的铁路，也可每组设计一条环形铁路。
　　2. 引导幼儿自选废旧水彩笔、可接长的塑料插塑、彩色塑料积木、小树枝等材料做成几列长长的火车,一起玩"火车钻山洞"的游戏。

健康活动: 抓知了

【建议年龄段】小班

【活动准备】

1. 用硬卡纸自制大树教具(树上贴有知了图片,便于幼儿摘除,总数超过幼儿人数)。
2. 小树两棵。
3. 知了鸣叫的录音、收音机;布娃娃或者动物宝宝毛绒玩具。

【活动过程】

一、活动导入

1. 倾听知了鸣叫的录音。

师:请小朋友听一听,是谁在叫?

2. 观察、倾听教师示范讲解抓知了。

师:我们来玩个"抓知了"的游戏。知了就停在大树上(教师手指大树画着的知了),小朋友先跑到大树下,绕着大树跑,听到知了鸣叫后,去抓知了然后跑回来,把它们放在小树上。

二、活动开展

1. 个别幼儿和教师一起抓知了。

师:谁愿意和老师一起抓知了?

2. 轮流尝试玩"抓知了"的游戏。

师:我们分成两组,大家轮流试一试抓知了。

3. 交流分享游戏经验。

师:有什么办法能让自己围着大树跑的时候,跑得更快更稳?

4. 分组尝试竞赛抓知了。

师:请两组小朋友比一比,大家不仅要跑得稳,还要跑得快,看看哪组小朋友先把树上的知了都抓完。

师:两组小朋友都把树上的知了抓完了,我们给自己拍拍手。你们还想再比一次吗?(根据实际情况决定游戏次数)

三、活动延伸

1. 可把本活动的教具投放至美工区,引导幼儿在活动区内继续尝试"抓知了"。
2. 可在晨间活动等气温相对较低的时段,或利用室内相对较空旷的场地,引导幼儿自主开展围圈跑"抓知了"的游戏,继续体验抓知了的乐趣。

 【区域活动创设参考】

表5-7 区域活动

区域名称	内容	材料投放	操作建议	指导建议
图书区	沙滩上	绘本《沙滩上》、故事内容图卡	将故事的图卡进行排序,然后与同伴一起讲述	教师引导幼儿继续仿编故事
益智区	硬币里的水	若干杯水、滴管、1元和5角的硬币若干个	用滴管将水吸出,然后一滴一滴滴在自己选择的硬币上,并且计数有多少滴可以滴	根据幼儿的能力,提供计数卡片帮助幼儿记录下硬币上的水滴数
美工区	沙画	适合沙画的简单图片、沙画台	找一幅自己喜欢的图片,在放有沙子的鞋盒里,运用各种方法画出作品	指导幼儿根据自己的喜欢添加新的画面内容
	磁铁沙画	沙画板、彩色沙子、磁铁(若干对)	幼儿选择自己喜欢的沙子倒在沙盘上,然后将一对磁铁吸在沙画盘子上,幼儿通过移动下面的磁铁,使沙子上的磁铁动起来,画出好看的图画	制作大小不同的沙盘,供能力不同的幼儿进行操作
	喷画	画纸、废旧广告纸;喷壶、牙刷、小手巾、彩笔、剪刀若干;模具若干(小号雪花片、叶子模具、小动物模具、几何平面图形)	用装有调好各色水的喷壶,在画纸上喷出好看的颜色和图案,幼儿可以选择喜欢的模具或者好看的几何图形,或者不选择模具,自己随意发挥	根据幼儿能力,引导他们使用两种颜色混合进行作画。鼓励幼儿自己发挥想象,完成完整的一幅画
建构区	沙之城堡(见图5-17;图5-18)	沙子、一盆水、乐高积木	幼儿先把沙与水混合,混成可以塑形的沙子,再用各种乐高积木将沙子塑成沙堆城堡	1. 混合沙子和水时提醒幼儿少量加水,一点点加 2. 在幼儿堆砌城堡时,引导幼儿多样化地堆
	清凉游泳馆	乐高积木、纸砖等	幼儿根据自己的喜好选择乐高或者纸砖来搭建游泳馆	提供一些游泳馆的图片,帮助幼儿回忆游泳馆里都有哪些事物,更形象地搭建游泳馆

图 5-17

图 5-18

【家庭亲子活动】

表5-8 家庭亲子活动

活动名称	活动目标	活动准备	活动内容	注意事项
与雨嬉戏	1. 感受"夏天是一个多雨的季节" 2. 了解"雨"这一自然形态，扩展关于"雨"的经验	雨衣、雨鞋、雨伞、相机	1. 在下雨天，让幼儿穿上雨具，尽情体验雨中嬉戏的乐趣 2. 在雨天引导幼儿观察雨水落下来的各种形态，带幼儿去拍摄有关雨天的照片	提前了解当天降雨量，选择合适的天气出行
玩沙	了解沙的特性，探索沙的不同玩法	玩沙工具（铲子、水桶、玩具汽车、锅碗瓢盆等）	1. 家长带幼儿去沙滩边，为幼儿准备好工具，与幼儿一起玩沙 2. 引导幼儿观察生活中哪里有"沙"	玩沙时避免沙子掉入眼睛

秋 的 探 寻

活动适宜季节：秋季

【建议目标】

小班

1. 能观察到植物在秋季的颜色变化，对植物颜色变化产生兴趣。

2. 认识秋天常见果蔬，了解其基本特征并用多种方式表达。

中班

1. 对秋天的落叶产生兴趣，知道秋天会落叶的自然规律。
2. 运用多种感官感知秋天植物的外形特征，探索它们在秋季的变化。

大班

1. 探究秋天的季节特征，了解它和人们生活的关系。
2. 乐意参与秋天植物的探究活动，能在活动中感受秋天的美。

【主题框架】

主题"秋的探寻"主要从"华桂之约""香甜蔬果"和"秋叶飘飘"三个方面展开，这一主题活动参考框架如下（见图5-19）。

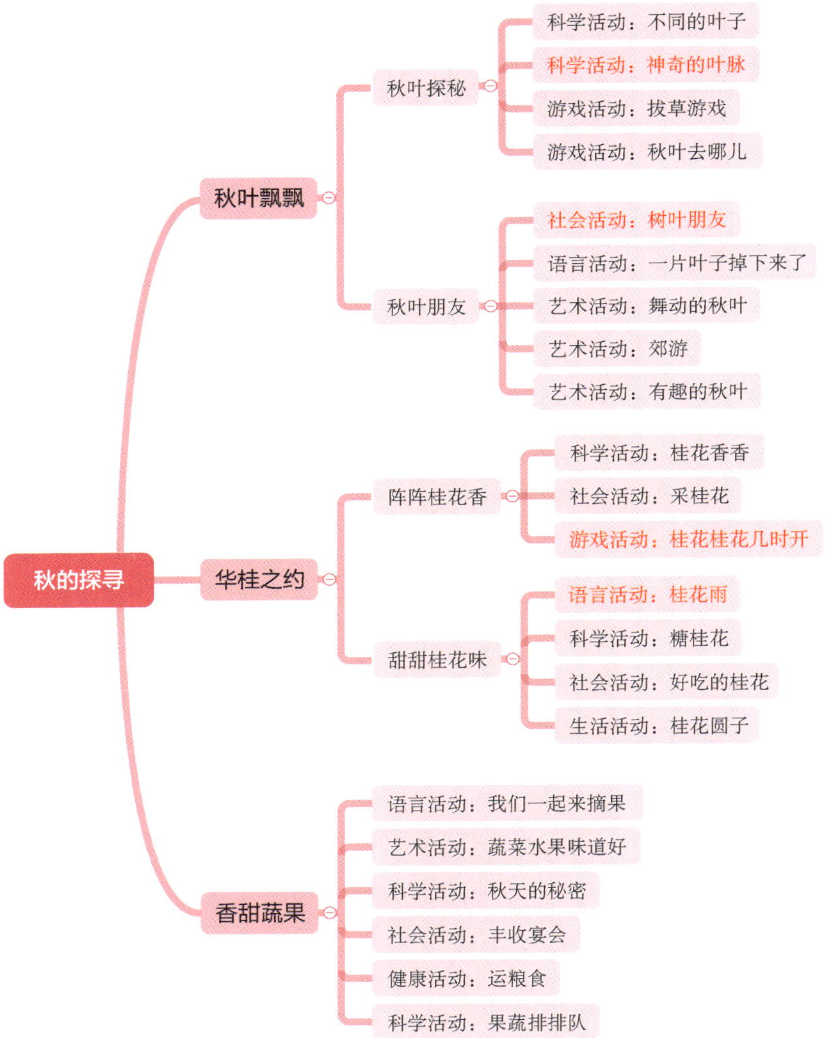

```
秋的探寻
├── 秋叶飘飘
│   ├── 秋叶探秘
│   │   ├── 科学活动：不同的叶子
│   │   ├── 科学活动：神奇的叶脉
│   │   ├── 游戏活动：拔草游戏
│   │   └── 游戏活动：秋叶去哪儿
│   └── 秋叶朋友
│       ├── 社会活动：树叶朋友
│       ├── 语言活动：一片叶子掉下来了
│       ├── 艺术活动：舞动的秋叶
│       ├── 艺术活动：郊游
│       └── 艺术活动：有趣的秋叶
├── 华桂之约
│   ├── 阵阵桂花香
│   │   ├── 科学活动：桂花香香
│   │   ├── 社会活动：采桂花
│   │   └── 游戏活动：桂花桂花几时开
│   └── 甜甜桂花味
│       ├── 语言活动：桂花雨
│       ├── 科学活动：糖桂花
│       ├── 社会活动：好吃的桂花
│       └── 生活活动：桂花圆子
└── 香甜蔬果
    ├── 语言活动：我们一起来摘果
    ├── 艺术活动：蔬菜水果味道好
    ├── 科学活动：秋天的秘密
    ├── 社会活动：丰收宴会
    ├── 健康活动：运粮食
    └── 科学活动：果蔬排排队
```

图5-19

【活动案例】

社会活动：树叶朋友

【建议年龄段】 中班

【活动准备】

   1. 小箩筐人手一个。
   2. 柔和的背景音乐。

【活动过程】

一、活动导入

   1. 教师和幼儿围坐在大树下谈话。
   师：秋天到了，一片片小树叶离开了大树妈妈，落到了地上……
   2. 请你找两片（或三片）最喜欢的树叶做朋友，和其他小朋友说说你的树叶朋友长什么样，它们有什么不同。

二、活动展开

   幼儿自由捡喜欢的树叶，与同伴轻声交流树叶的样子。

三、活动延伸

   1. 教师描述树叶的外形特点，请幼儿猜测，并举起手中相应的树叶。
   师：我的树叶朋友黄黄的、小小的，长得像把小扇子，猜猜我的树叶朋友是谁？
   2. 个别幼儿描述，其他幼儿猜测。
   3. 小结：树叶有不同的颜色、形状，大小也不同。

科学活动：神奇的叶脉

【建议年龄段】 大班

【活动准备】

   1. 课前师幼共同收集各种树叶。
   2. 活动记录表。

【活动过程】

一、活动导入

1. 你们看,老师这里有些什么?(树叶)
2. 你知道树叶有哪些秘密吗?

二、活动展开

(一)找找树叶的秘密

1. 除了小朋友刚才说的那些秘密之外,小树叶还有一些其他的秘密呢,今天我们就来做个小小科学家,找一找树叶的秘密,好吗?
2. 幼儿自由结伴去观察、探索、发现。
3. 交流发现。
师:你发现了叶子的什么秘密?你是怎么发现这个秘密的?

(二)观察叶脉,了解叶脉形状

1. 请小朋友拿起一片树叶,看一看里面有什么?
师:里面有细细的,像线一样的东西,叫叶脉。
2. 你手中树叶的叶脉是什么样子的?像什么?和其他小朋友树叶的叶脉长得一样吗?
3. 幼儿观察后进行交流。
4. 小结:叶脉也有不同的样子。

三、活动延伸

把树叶放在益智区,供幼儿进一步探究树叶的特点,并互相交流新发现。

游戏活动: 桂花桂花几时开

【建议年龄段】中班

【活动准备】

桂花头饰若干个。

【活动过程】

一、活动导入

1. 教师出示一幅桂花图片,请幼儿说说桂花的颜色、形状等特征。
2. 教师提问桂花开放的时间,引导幼儿了解桂花开放时间。

二、活动展开

1. 学会游戏儿歌《桂花桂花几时开》，熟练游戏儿歌。
2. 了解游戏规则。

由教师和两名小朋友做示范。一位教师做桂花的花蕊（戴上桂花头饰），另一位教师和小朋友做桂花的花瓣，拉成圈围在"花蕊"身边。游戏开始时，"花瓣"们就要拉着手围着花蕊转圈，要一边转圈一边一起念儿歌，当念到"八月桂花开"的时候，充当桂花花瓣的小朋友们就要把手松开，赶紧逃跑，"花蕊"会来抓一个逃跑的"花瓣"，哪一个小朋友被抓到，游戏就结束了，没有被抓到的小朋友就要停住不能跑了，被抓到的小朋友，就在下一轮游戏中充当花蕊，来抓其他的小朋友。

3. 进行游戏，游戏反复进行。

三、活动延伸

1. 游戏延伸：增加游戏难度，加入"桃花""荷花"。
2. 提示：引导幼儿在固定范围内四散追逐跑，注意相互间的碰撞。

资源链接

桂花桂花几时开

桂花桂花几时开，一月不开二月开。
桂花桂花几时开，二月不开三月开。
桂花桂花几时开，三月不开四月开。
桂花桂花几时开，四月不开五月开。
桂花桂花几时开，五月不开六月开。
桂花桂花几时开，六月不开七月开。
桂花桂花几时开，七月不开八月开，八月桂花开！

注：《桂花桂花几时开》是根据浙江省编教材中的《荷花荷花几时开》改编的。

语言活动：桂花雨

【建议年龄段】中班

【活动准备】

多媒体课件（Flash、PPT）、轻音乐、桂花食品、桂花香氛。

【活动过程】

一、活动导入

1. 你们都见过下雨吗?
2. 什么雨会是有香味的呢?让我们一起来听听看吧。

二、活动展开

1. 教师随乐朗诵第一段。
师:散文中说了什么?
师:金桂花和银桂花都做了什么?
师:为什么说它吹了金色的喇叭?
2. 幼儿欣赏散文第二段。
师:这种带香味的雨是什么雨?为什么说这是香喷喷的桂花雨?
3. 结合课件,幼儿完整欣赏散文内容。
师:你最喜欢诗歌中的哪一句?
4. 朗诵散文,感受语言美。
(1) 播放PPT,幼儿跟随配乐朗诵。
(2) 师幼共同表演。
(3) 幼儿尝试仿编散文部分内容。

三、活动延伸

师:落下的桂花雨用处可大了,你们看,叔叔阿姨用桂花做成了许多好吃的东西,我们一起去尝尝吧。

资源链接   **桂花雨**

秋天,桂花树上开满了香香的、甜甜的桂花。
金桂花嘟起小嘴巴,吹着金色的喇叭,
好像在告诉人们:"秋天多美呀!秋天多香呀!"
银桂花嘟起小嘴巴,吹着银色的喇叭,
好像在告诉人们:"秋天多美呀!秋天多香呀!"
一阵秋风吹来,桂花纷纷落下,好像在下一场香喷喷的桂花雨。
桂花雨落在小朋友的身上。
大家你看看我,我看看你;你闻闻我,我闻闻你,
一起笑着说:"我们多美呀!我们多香呀!"
注:《桂花雨》选自《琦君散文》

【区域活动创设参考】

表5-9 区域活动

区域名称	内容	材料投放	操作建议	指导建议
语言区	树叶分类	1. 活动任务牌、活动记录表 2. 师生共同采集足量的各种各样的树叶	能自主寻找、发现秋叶的变化,将树叶进行整理分类,并在活动表中用自己的方式记录	根据幼儿的能力情况,按照树叶的颜色、大小、形状等不同特征进行多维度分类
益智区	有趣的叶脉（见图5-20）	有不同叶脉脉序的树叶、铅笔、白纸、放大镜等	1. 用放大镜观察树叶,找到叶脉并把它的形状记录下来 2. 树叶背面朝上,把白纸覆盖在树叶上,用铅笔涂抹拓印出叶脉	指导幼儿将观察到的不同脉序的树叶记录、分类
	树叶拼图	自制树叶拼图	能选择不同数量的树叶拼图进行拼合	根据幼儿的能力将拼图分成9拼、12拼和16拼
美工区	树叶彩绘	各种不同形状的树叶、水粉颜料、勾线笔等	幼儿自主选择喜欢的颜色在树叶上进行绘画	引导幼儿根据树叶的形状,大胆想象,尝试创作出不同的作品
	树叶皇冠（见图5-22）	各种不同形状的树叶、彩卡长条、双面胶等	选择自己喜欢的树叶,在彩卡长条上进行自由排列组合,将彩卡都贴满后根据自己的头围围成圈,一顶漂亮的树叶皇冠就完成了	引导幼儿能根据不同形状的树叶进行有序组合、排列
	树叶书签	不同形状与颜色的树叶若干、花式打孔器、白卡、固体胶等	用花式打孔器在树叶的边缘一圈打出自己喜欢的图案,把树叶变成一片漂亮的书签,抠下的树叶图案用固体胶黏贴在白卡上,变成另一种风格的书签	将幼儿的书签作品陈列在美工区,供幼儿分享、欣赏
	桂花小丸子	彩纸、超轻黏土、压花器	用压花器将黄色的彩纸压出一个个桂花,将白色超轻黏土团成一个小丸子的样子,将压好的桂花贴上去,变成桂花小丸子	指导幼儿用超轻黏土和彩纸等多种方式制作桂花
建构区	秋天的公园（见图5-21）	各种大小不一的树叶、石头、树枝等	能用树叶、石头等低结构材料搭建大树、房子等,组成一个"小公园"	建议让幼儿在活动前先画好设计图,活动时能够与同伴合作建构,用所有的材料建构出设计好的图案图形

图5-20

图5-21

图5-22

【家庭亲子活动】

表5-10 家庭亲子活动

活动名称	活动目标	活动准备	活动内容	注意事项
收藏落叶	1. 能分辨出不同种类的落叶,并能给落叶分类 2. 能说出秋天里常见树叶的名称	可盛放树叶的容器、相机、纸、笔	1. 家长带领幼儿在户外观赏树叶,让幼儿用相机、纸和笔记录自己的发现 2. 家长与幼儿收集秋天的落叶,给不同种类的落叶进行分类 3. 用收集来的落叶制作落叶贴画	收集树叶时,尽量收集地上的落叶,树上的新鲜落叶可以用拍照和绘画的方式来记录
蔬菜大调查	1. 喜欢吃秋天当季的蔬菜,知道秋天是个丰收的季节 2. 能说说自己最喜欢的一种秋季蔬菜的特点及营养价值	当季蔬菜	1. 家长可以经常购买当季蔬菜,引导幼儿对比蔬菜煮前和煮后的样子 2. 一起上网调查:秋季还有哪些蔬菜 3. 幼儿选择自己最喜欢的一种蔬菜并在家长的陪同下深入调查 4. 幼儿将调查结果带到幼儿园,与同伴分享自己最喜欢的秋季蔬菜	对于秋季蔬菜的研究调查也同样适用于秋季水果

冬的故事

活动适宜季节：冬天

【建议目标】

小班
1. 初步感知冬季寒冷的特征，了解一些基本的保暖方法。
2. 积极参与冬季的体育活动，体验活动的乐趣。

中班
1. 感受冬季动植物的变化，大胆表达自己的发现。
2. 发现冰雪的秘密，感受冬季独有的乐趣。

大班
1. 通过观察、记录，发现气象的秘密。
2. 知道大棚种植能让人们在冬季也能吃到新鲜蔬果，对农民心怀感恩。

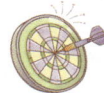
【主题框架】

主题"冬的故事"主要从"傲气的北风""晶莹的冰雪"和"勇敢的我们"三个方面展开的，这一主题活动参考框架如下（见图5－23）。

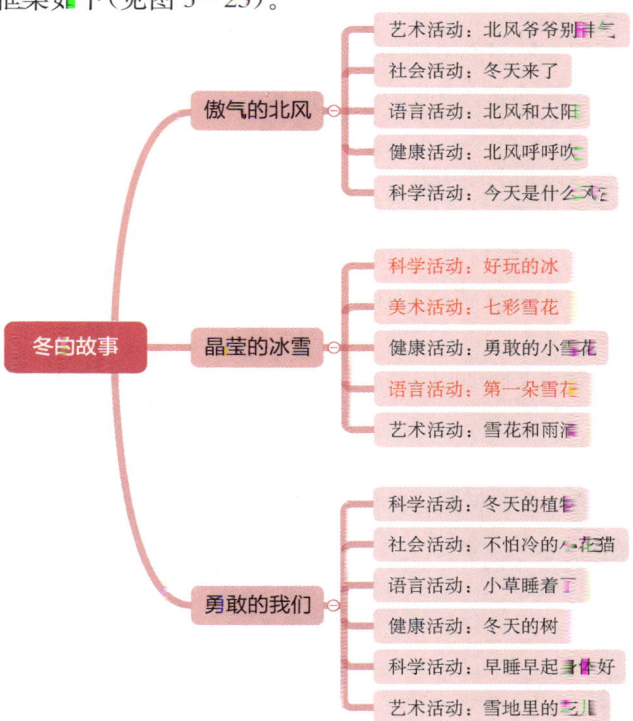

图 5－23

【活动案例】

科学活动：好玩的冰

【建议年龄段】 大班

【活动准备】

1. 及时关注最近的天气情况，以便幼儿的冰灯能一次成功。
2. 事先与幼儿一起剪小窗花，收集一些装饰用的图片、橡皮泥小模具等废旧材料，教师事先制作一些冰块、冰灯。
3. 在区角中投放一些颜料、彩纸、小棉衣（或毛巾）、冷水等。

【活动过程】

一、活动导入

1. 谜语："有一物体真奇怪，特别寒冷结成块，是水做的比水冷，温度升高融得快。"
2. 你们玩过冰块吗？觉得好玩吗？

二、活动展开

（一）认识冰灯，引发讨论

1. 欣赏各种冰灯，激发幼儿的创作欲望。

师：今天老师带来了许多冰块和冰灯，你们看一看、摸一摸、闻一闻、玩一玩，然后说说你有什么感觉？发现了什么？

2. 师幼一起讨论制作冰灯的方法。
3. 这些颜色好看、形状不同的冰灯是怎样形成的？
4. 老师为你们准备了一些材料，你可以根据自己的需要选择材料进行制作。
5. 幼儿大胆创作，大胆尝试解决创作过程中出现的问题。

（二）收拾整理，展示冰灯

将制作的冰灯放到幼儿园户外上。

三、活动延伸

在区角中，为幼儿提供各种材料，让他们自己探索冰块融化的情况，用自己喜欢的方式进行记录。

美术活动：七彩雪花

【建议年龄段】中班

【活动准备】

纸做的各种颜色的雪花、油画棒等。

【活动过程】

一、活动导入

1. 老师手里拿的是什么？（雪花）
2. 什么季节会有雪花？（冬季）
3. 小朋友看见过雪花吗？在哪儿看见的？

二、活动展开

（一）引导幼儿思考冬眠

1. 有一只小熊从没见过下雪，小朋友知道为什么吗？（冬眠）
2. 有什么办法可以帮助小熊实现心愿？

（二）幼儿制作雪花

1. 认识教师准备的纸雪花。
2. 学习幼儿制作纸雪花。

（1）出示画好的雪花，教幼儿涂色。（顺着一个方向涂，不要涂到线的外边）

（2）学习撕雪花。（用两手的大拇指和食指捏住纸，沿着雪花边线一点一点地撕）

3. 幼儿动手制作雪花，先涂色后撕，废纸放在篮子里。

三、活动延伸

1. 把幼儿和教师们的雪花收集在一起。
2. 到小熊家请出小熊一同到户外看下雪。

请幼儿和小熊闭上眼睛，教师数完"一、二、三"再睁开，楼上的教师将雪花撒下。

语言活动：第一朵雪花

【建议年龄段】中班

【活动准备】

多媒体教学课件。

【活动过程】

一、活动导入

师：冬天到了，天气怎么样？

师：下雪了，小动物们在做什么？它们会怎么过冬呢？

二、活动展开

（一）欣赏故事

1. 故事里面有哪些小动物？他们在干什么？
2. 熊先生和松鼠是好朋友吗？你从哪里听出来的？

（二）分段欣赏，理解故事

1. 熊先生为什么不把苹果留给自己吃，而是送给小松鼠呢？
2. 熊先生给小松鼠留的字条上写了什么？
3. 熊先生在路上打着哈欠，伸着懒腰，他怎么了？

小结：熊先生要冬眠了。

4. 什么是冬眠？

小结：躲在洞里睡觉，不吃东西，到了明年春天才会醒过来的，这种过冬方法就叫做冬眠。

5. 熊先生一回到家看到了什么？
6. 小松鼠为什么要这样做？
7. 熊先生和小松鼠通电话时，说了什么？
8. 小结：熊先生和小松鼠是好朋友，冬天来了，他们都想到了自己的朋友需要什么，并帮助了对方做了很多事情。

三、活动延伸

1. 讨论：除了故事中的小动物，你还知道哪些动物也需要冬眠？
2. 播放PPT各种冬眠的动物。

师：你知道这些动物是怎么过冬的吗？

资料链接

第一朵雪花

熊先生摘下树上最后一个苹果时,他知道,冬天来了。

熊先生提着满满一篮苹果,来到小松鼠的家。小松鼠家里没人,熊先生留下了苹果和一张纸条,纸条上写着:"亲爱的小松鼠:收下吧,你要在屋里过上一个冬天,得多准备一点儿吃的!黑熊。"

回家的路上,熊先生才走了一半,就连连打着哈欠,伸着懒腰,他的眼皮越来越重:"看来,我得回家睡觉了。"

熊先生走回家里一看,屋里打扫得干干净净,床上铺着厚厚的鸭绒被子,桌上有张纸条,上面写着:"熊大哥:我都帮你准备好了,安心冬眠吧,明年春天再见!小松鼠"。

熊先生赶紧拿起电话机,拨通了小松鼠家的电话,他们俩几乎同时喊起来:"谢谢你啊,朋友!"

这时,窗外飘下了冬天的第一朵雪花……

注:选自《幼儿园课程指导》

科学活动:冬天的植物

【建议年龄段】中班

【活动准备】

1. 课件:植物的过冬准备。
2. 图片:冬天的树、稻草。
3. 记录纸、彩色笔若干。

【活动过程】

一、活动导入

1. 师:小朋友,你知道现在是什么季节吗?(冬季)你感到气候有什么变化吗?
2. 这么冷的天气,花草树木会冻死吗?植物们会怎样过冬呢?

二、活动展开

1. 冬天到了,小树上的叶子有什么变化?大树上有什么变化?小草是什么样子的?
2. 请幼儿自主观察,并讲述自己的发现和自己的疑问。
3. 教师引导幼儿有重点地观察个别植物,帮助幼儿进一步感知植物的变化。
(1) 观察大树。
师:请小朋友仔细观察冬天的树是什么样子?想一想,它们冻死了吗?找一找树上还留下了什么?

(2) 请幼儿剥开芽苞看一看,它里面有什么?猜一猜,明年春天会变成什么?

(3) 观察小草。

师:请小朋友在草地上观察,看看冬天的小草怎么样了?想一想,小草冻死了吗?

师:挖出小草的根看看是什么颜色的?根上长着什么?

(4) 请幼儿仔细观察植物,并用自己的彩笔记录植物过冬的种种表现。

(5) 组织交流,请幼儿跟同伴讲讲你的记录和发现,看看植物过冬有几种方式?

三、活动延伸

1. 冬天到了,落叶树的叶子纷纷掉下来,常青树的叶子仍然还是绿色的。落叶对树木过冬有帮助吗?

2. 小草是什么颜色?它冻死了吗?

3. 人们怎样帮助植物过冬呢?

【区域活动创设参考】

表 5-11 区域活动

区域名称	内容	材料投放	操作建议	指导建议
图书区	雪精灵	绘本《我最最喜欢雪了》、故事内容图卡、指偶	将故事的图卡进行排序,然后与同伴一起讲述、表演	教师引导幼儿继续仿编故事
益智区	小动物的冬天	小动物冬眠游戏底板、小动物牌、春天牌	将小动物牌和春天牌打乱顺序背面朝上放在桌面上,2到4个小朋友轮流翻牌,翻到是需要冬眠的小动物就放在合适的底板位置冬眠,如果要冬眠的小动物全都放对了位置了,则胜利,如果没有放完,且翻到春天来了的牌则游戏失败重新开始	根据幼儿的能力情况,逐渐增加冬眠小动物的数量
	雪人的纽扣	小雪人几张、纽扣(各种大小颜色)、雪人帽子	小雪人头上的帽子有很多颜色还有很多不同的数字,幼儿根据自己的喜欢拿一顶帽子戴在雪人的头上,然后根据帽子的颜色或者数量在雪人的衣服上排扣子。不同的幼儿有不同的理解,有的幼儿会按照颜色来排,有的幼儿会根据数字来排,有的幼儿会按照自己的一定规律来排	教师尽可能提供多种不同的扣子,给幼儿提供更多种摆放扣子的可能来满足不同能力的幼儿的需要

(续表)

区域名称	内容	材料投放	操作建议	指导建议
美工区	做冰花（见图5-24、图5-25）	冻冰花的图片、绳子、小玩具、水彩笔等颜料，水	幼儿将水装进各种模具，加入好看的颜料或者玩具，拿回家冰冻起来，第二天带到幼儿园向小朋友介绍自己的冻冰花制作过程	指导幼儿根据自己的喜好添加新的画面内容
	雪花	橡皮泥、棉花、白色蜡笔、纸团等	幼儿选择自己喜欢的材料来做雪花，做好后选择自己的一个物品进行装饰	教师根据幼儿能力提供不同的雪花模板供幼儿参考
建构区	雪中的幼儿园	雪花片、乐高积木、磁力片、白色黏土等	先将心目中的幼儿园搭建好，然后将白色的黏土来做雪，盖在建筑物上，或者是其他地方，完成雪中的幼儿园	教师提供一些雪景图供孩子们参考，引导幼儿合作玩

图5-24

图5-25

【家庭亲子活动】

表5-12 家庭亲子活动

家庭亲子活动				
活动名称	活动目标	活动准备	活动内容	注意事项
冻冰花	1. 知道在寒冷的天气里，会发生"结冰"现象	一盆水、温度计	1. 家长引导幼儿观察冬日里的结冰现象 2. 结冰实验：在气温足够	家长和幼儿要做好防寒工作

（续表）

活动名称	活动目标	活动准备	活动内容	注意事项
	2. 发现水在结冰过程中发生的形态变化		低的时候,在户外放一盆水,测量水的温度,观察水慢慢结成冰的过程,探讨水结成冰需要的条件	
玩转冬日	知道冬日户外运动给身体带来的好处,增强体质	汗巾、简单的运动器械	1. 观看冬日运动的视频 2. 家长带领幼儿至户外做热身运动 3. 亲子户外游戏、户外运动	开展各种户外活动时,都请关注幼儿的安全,并教给幼儿必要的安全常识

图书在版编目(CIP)数据

"活教育"中的致善教育/欧赛萍主编. —上海:复旦大学出版社,2019.5(2020.11 重印)
(幼儿园"活教育"课程丛书/周念丽总主编)
ISBN 978-7-309-13960-0

Ⅰ.①活… Ⅱ.①欧… Ⅲ.①学前教育-研究 Ⅳ.①G610

中国版本图书馆 CIP 数据核字(2018)第 221895 号

"活教育"中的致善教育
欧赛萍 主编
责任编辑/赵连光 夏梦雪

复旦大学出版社有限公司出版发行
上海市国权路 579 号 邮编:200433
网址:fupnet@fudanpress.com http://www.fudanpress.com
门市零售:86-21-65102580 团体订购:86-21-65104505
外埠邮购:86-21-65642846 出版部电话:86-21-65642845
上海丽佳制版印刷有限公司

开本 787×1092 1/16 印张 10.25 字数 237 千
2020 年 11 月第 1 版第 2 次印刷

ISBN 978-7-309-13960-0/G·1902
定价:45.00 元

如有印装质量问题,请向复旦大学出版社有限公司出版部调换。
版权所有 侵权必究